Wie auf dem Lande

Wie auf dem Lande

Nostalgische Rezepte
Alte Hausmittel
Natürliche Dekorationen

Stephanie Donaldson
Fotos von
Michelle Garrett

Kaleidoskop Buch

Für Anne – eine gleichbleibend kreative Köchin
und liebe Freundin

HINWEIS

Alle Informationen und Hinweise, die in diesem Buch enthalten sind, wurden von der Autorin nach bestem Wissen erarbeitet und von ihr und dem Verlag mit größtmöglicher Sorgfalt überprüft. Unter Berücksichtigung des Produkthaftungsrechts müssen wir allerdings darauf hinweisen, daß inhaltliche Fehler oder Auslassungen nicht völlig auszuschließen sind. Für etwaige fehlerhafte Angaben können Autorin, Verlag und Verlagsmitarbeiter keinerlei Verpflichtung und Haftung übernehmen.

Korrekturhinweise sind jederzeit willkommen und werden gerne berücksichtigt.

Aus dem Englischen übersetzt von Cornell Ehrhardt
Redaktion: Susanne Härtel
Korrektur: Petra Tröger
Einbandgestaltung: Johannes Maasburg, München
Herstellung: Dieter Lidl
Satz: Satz & Repro Grieb, München

Die Originalausgabe mit dem Titel *The Country Store* wurde erstmals 1996
im Verlag Lorenz Books, einem Imprint von Anness Publishing Limited, London,
veröffentlicht.

Design: Lisa Tai
Fotos: Michelle Garrett

Druck und Bindung: Conti Tipocolor
Printed in Slovenia by DZS

ISBN 3-88472-442-8

BILDQUELLENNACHWEIS

Bridgeman Art Library, London: S. 12: *Preparing for Dinner* von Frederick Daniel Hardy, Wolverhampton Art Gallery; S. 13: *Preserving Jam* von Frederick Daniel Hardy, Bourne Gallery, Reigate

Inhalt

EINFÜHRUNG

Die Geschichte und Traditionen der ländlichen Vorratshaltung.
Wie man Vorräte zubereitet, aufbewahrt, verwendet
und ansprechend präsentiert

Eine einfachere Art zu leben

Unser stetiges Streben nach Fortschritt hat eine Welt hervorgebracht, in der die Jahreszeiten für viele von uns weitgehend bedeutungslos geworden sind, außer als Anlaß dafür, die Art der Bekleidung zu wechseln und anderen sportlichen Aktivitäten nachzugehen. Wir können im Januar frische Kirschen aus Chile essen, das ganze Jahr hindurch Avocados aus Israel kaufen und – wie verwöhnte Kinder – unabhängig von der Jahreszeit jede unserer kulinarischen Launen befriedigen. Der Preis, den wir für diesen Fortschritt bezahlen, besteht nicht nur in den hohen Kosten für diese Nahrungsmittel, sondern auch in einer Entfremdung von unseren tiefverwurzelten Instinkten: zu säen, zu ernten und Vorräte anzulegen, den Wechsel der Jahreszeiten mit traditionellen Festen zu begehen und das Wissen um all diese Dinge an künftige Generationen weiterzugeben.

Noch immer verspüren wir einen Drang nach dieser alten Lebensform, und obwohl kaum einer von uns das Aufkommen der vielen arbeitserleichternden Vorrichtungen des modernen Lebens beklagt, fühlen wir uns zu der Einfachheit vergangener Zeiten hingezogen, als das Überleben eine Belohnung darstellte und noch nicht als selbstverständlich erachtet wurde. Auch wenn wir uns nicht mehr am Jahreskreislauf orientieren müssen, um unser Überleben zu sichern, können wir doch immer noch an den verschiedensten jahreszeitlichen Beschäftigungen teilhaben, die unser oft so eintönig gewordenes Leben in hohem Maße bereichern.

Mit der Aussaat, selbst wenn es sich lediglich um einen Topf mit Petersilie auf der Fensterbank handelt, gehen wir eine Beziehung zu den daraus keimenden Pflanzen ein. Der Schönheit der Frühlingsblüte und dem langsamen Wachstum winziger grüner Äpfel folgt dann das Pflücken der reifen Früchte und der Stolz auf die eigene Ernte.

Ich hoffe sehr, daß Sie dieses Buch dazu inspiriert, Ihr hektisches, modernes Leben für kurze Zeit zu vergessen und die Freuden der Jahreszeiten auszukosten: das Vergnügen des Backens, Einlegens und Einkochens; das Ausprobieren einfacher natürlicher Heilmittel, duftender Schönheitsprodukte und Potpourris; und das Feiern des fortschreitenden Jahres mit entsprechenden Dekorationen und kulinarischen Genüssen.

RECHTS: Eine Auswahl wertvoller Dinge für die Vorratskammer: Blöcke und Kerzen aus Bienenwachs, Blütenwässer, ätherische Öle, getrocknete Kräuter und Blüten

Die Geschichte der Vorratshaltung

Im Mittelalter waren die Klöster die Hüter des Wissens, und einen hohen Rang innerhalb der Mönchsgemeinschaft bekleidete der Kellermeister, der dafür verantwortlich war, daß die religiöse Gemeinschaft das ganze Jahr über genügend zu essen und zu trinken hatte. Er war ein Fachmann für den Anbau, die Ernte und das Haltbarmachen großer Nahrungsmengen, und während das Leben des Menschen im allgemeinen kurz war und nicht eben angenehm, konnten die religiösen Orden sich gut ernähren und waren weitaus gesünder als die durchschnittliche Bevölkerung. Die Kenntnisse des Kellermeisters, was Kräuter und Gewürze, Salze, Essige und Öle betraf, erweiterten sich, als neue Pflanzen und Zutaten aus fremden Ländern eingeführt wurden. Sein Wissen darüber und wie er es anwendete, wurde akribisch festgehalten – in Büchern, die man als Vorläufer unserer modernen Rezeptsammlungen ansehen kann.

Ende des 16. Jahrhunderts wurde es dann Sitte, daß die feinen Damen die Geheimnisse ihrer Haushaltsführung in einem Buch niederschrieben, um ihr Wissen von Generation zu Generation weiterzugeben. Neben Kochrezepten enthielt ein solches Buch auch einfache Heilmittel, Schönheitswässer und Tränke, Potpourris und Polituren, von denen uns heute noch viele bekannt sind.

Als immer mehr und mehr Menschen Lesen und Schreiben lernten, fand diese Tradition eine breitere Basis, und Familien und Freunde gaben über Generationen ihre erprobten Rezepte weiter, damit die Vorratsregale stets wohlgefüllt waren. Erst mit dem Aufkommen von umfangreichen Büchern wie etwa Johanna von Sydows *Das Buch der Hausfrau* Ende des letzten Jahrhunderts ging dieses Wissen von der Familie in die Hände von »Experten« über. Es wurde so zu etwas Besonderem und verdrängte das allgemeine Wissen aus dem Alltagsleben.

OBEN: Salz hatte in früheren Zeiten eine große soziale und wirtschaftliche Bedeutung und stellte ein äußerst wertvolles Gut dar.

LINKS: Mit Ausnahme ganz armer Familien besaß früher jeder Haushalt eine Kuh, und die Milchkammer war für die Bäuerin ebenso wichtig wie die Vorratskammer.

RECHTS: Gegenstände aus blau-weißem Emaille mit ihrer schlichten Form sind seit jeher beliebt und werden geschätzt, weil sie haltbar und praktisch sind.

Traditionen, Bräuche und Fakten

In den Tagen, als gutes Haushalten für jeden Landbewohner überlebenswichtig war, brachte der Lauf der Jahreszeiten eine endlose Folge von Arbeiten mit sich. Sie mußten durchgeführt werden, um die Fruchtbarkeit des Bodens zu erhalten und eine ertragreiche Ernte einbringen zu können, die der Familie durch den langen Winter half. Jeder hatte bestimmte Arbeiten zu verrichten, selbst die Kleinsten mußten Steine auflesen, die Vögel vertreiben, Früchte und Gemüse ernten. Wenn die Töchter heranwuchsen, lernten sie von ihren Müttern die Arbeiten in Küche, Milch- und Vorratskammer, und wenn sie dann ihre Eltern verließen, um einen eigenen Hausstand zu gründen, beherrschten sie all die nötigen Arbeiten, die der Alltag mit sich brachte. Bedeutende Feste wie Ostern, Erntedank und Weihnachten betonten die verschiedenen Jahreszeiten und wurden zum Lohn für die harte tägliche Arbeit wie auch aus religiösen Anlässen gefeiert.

Viele Volkserzählungen und traditionelle Reime dienten ursprünglich als Gedächtnisstütze für die Arbeiten in den verschiedenen Jahreszeiten. Im England der Tudor-Zeit beispielsweise verteilte der Poet und Autor Thomas Tusser großzügig seine Ratschläge, die er sowohl für Bauern wie auch für Hausfrauen in Büchern veröffentlichte mit so erbaulichen Titeln wie *Five Hundred Points of Good Husbandry (Fünfhundert Hin-*

UNTEN: Die Nahrungszubereitung war recht zeitaufwendig. Gemüse mußte aus dem Garten geholt, gesäubert und geschält werden, bevor man es für den Topf zerkleinerte.

weise für gutes Wirtschaften) und *Housewifely Admonitions (Hausfrauliche Ermahnungen).* Ein typisches Beispiel seiner in Reimform verfaßten Empfehlungen behandelt die Wirksamkeit von Wermut gegen Flohbefall im Haus:

While wormwood hath seed, get a bundle or twain,
to save against March, to make flea to refrain:
Where chamber is sweept, and wormwood is strown,
no, for his life, dare abide to be known.

Demnach soll die Hausfrau Wermut pflücken, wenn er im Spätsommer oder im Herbst Samen angesetzt hat, ihn über Winter zum Trocknen aufhängen und dann beim Frühjahrsputz im zeitigen Frühling verwenden, wenn er besonders wirksam gegen aktive Flöhe ist.

In einer Zeit, als Bücher ein Luxus waren, benutzte man solche Reime, um sich besser an die Ratschläge und überlieferten Kenntnisse erinnern zu können.

OBEN: Bei der Herstellung von Marmeladen und Gelees war die gesamte Familie einbezogen, vom Sammeln der Früchte bis zum Kochen – und Essen der Köstlichkeiten.

Obwohl Aberglauben und Überlieferungen sicherlich ihre Rolle im ländlichen Leben gespielt haben, waren die Menschen auf dem Lande im allgemeinen große Realisten und zu beschäftigt mit ihrer Arbeit, um sich viel mit Zaubersprüchen und Zaubertränken zu befassen. Solche Dinge waren das Metier von Doktoren und Scharlatanen, deren Behandlungsmethoden häufig gefährlicher waren als die Krankheit selbst.

Die Menschen auf dem Lande vertrauten eher auf einfache Heilmittel, die jede Hausfrau ohne große Mühe in ihrer Vorratskammer herstellen konnte. Ebenso wie wir die Qualität selbst gemachter Marmeladen und anderer Dinge wieder zu schätzen lernen, erkennen wir, daß die alten Heilmittel oft auf Kenntnissen und nicht auf Aberglauben basieren.

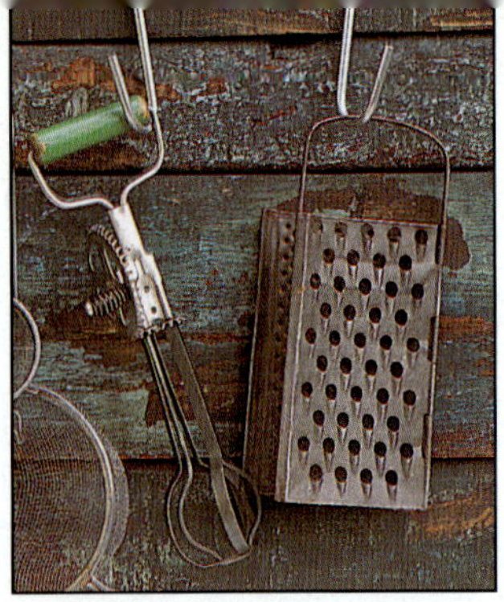

Vorbereitungen und Ausstattung

Praktisch alles, was in diesem Buch gezeigt wird, läßt sich ohne spezielle Gerätschaften herstellen, doch erleichtert eine gute Auswahl elementarer Küchenutensilien die Arbeit ungemein. Folgendes Zubehör ist empfehlenswert:

- ein großer, schwerer Topf zum Einkochen und Sterilisieren
- eine größere Auswahl an sauberen Gläsern und Flaschen
- neue Gummiringe für Einmachgläser
- exakte Küchenwaage
- Meßbecher
- verschiedene Rührschüsseln
- ein Wasserbad *(bain-marie)* – falls Sie auch Kosmetika herstellen möchten, benötigen Sie eine zweite passende Schüssel, die ausschließlich diesem Zweck vorbehalten ist. Außerdem sollte dafür noch folgendes extra vorhanden sein:
- Schneebesen
- Holzlöffel
- ein Satz Meßlöffel

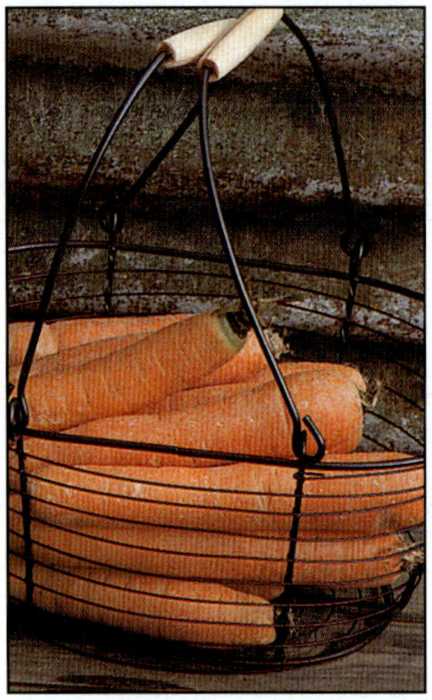

Links: Zum Ernten empfiehlt sich ein Drahtkorb: Anhaftende Erde kann herausfallen, und dank der guten Luftzirkulation bleibt das Gemüse einige Tage frisch.

Unten: Frische Zutaten – selbst gezogen oder gekauft – sind Ausgangspunkt und Inspiration für alles, was Sie für Ihr Vorratsregal herstellen.

Die wichtigsten Materialien und Zutaten

Wer auf dem Lande wohnt, besitzt möglicherweise bereits einen ertragreichen Garten und hat Zugang zu Hecken und Wäldern, die viele Grundmaterialien für die ländliche Vorratshaltung bieten, doch auch all jene von uns, die weniger Glück haben, können sich an der Herstellung und Zubereitung erfreuen, selbst wenn die Ausgangsprodukte nicht selbst angebaut oder gesammelt werden.

Hofläden sind eine gute Bezugsquelle für erntefrisches Obst und Gemüse, was ebenso für Höfe gilt, wo man die Produkte selbst ernten kann. In der Stadt gibt es preiswerte Angebote auf dem Wochenmarkt, besondes kurz vor Verkaufsschluß, wenn ganze Kisten bester Ware zu Spottpreisen angeboten werden. Ein älterer Nachbar, dem die Gartenarbeit schwerfällt, begrüßt es vielleicht, wenn Sie ein Gemüsebeet bei ihm anlegen und sich die Ernte mit ihm teilen. Und in ertragreichen Jahren sind Freunde mit einem Apfelbaum sicher dankbar, wenn Sie ihnen ein paar Äpfel abnehmen.

Jeder sollte einige Kräuter anbauen. Sie verleihen Speisen Aroma, regen den Appetit an, sind gesund und verströmen ihren Wohlgeruch im Haus. Kräuter finden in diesem Buch häufig Verwendung, und ganz gleich, ob man sie auf der Fensterbank zieht oder in einem Garten, läßt sich alles nutzbringend verwenden.

Unabhängig davon, ob es sich um Zutaten für Speisen, für Naturheilmittel, Duftspender oder festliche Dekorationen han-

OBEN: Alte Küchenutensilien und Gerätschaften sehen hübsch aus und brauchen keineswegs durch neue ersetzt zu werden, wenn sie ihren Zweck erfüllen und sich gut säubern lassen.

RECHTS: Diese kleinen Cox-Orange-Äpfel mögen nicht so perfekt gewachsen sein wie manch andere Apfelsorte, doch ist ihr Aroma unübertroffen.

delt, ist es von größter Wichtigkeit, daß sie stets von bester Qualität sind. So liefern beispielsweise beim Einmachen vollreife, aber feste Früchte den intensivsten Geschmack. Kräuter sind kurz vor der Blüte am aromatischsten. Gemüse verarbeiten Sie am besten so bald wie möglich nach der Ernte oder dem Einkauf. Beziehen Sie ätherische Öle stets von einem zuverlässigen Lieferanten, und alle Arten von Trockenblumen sollten von der letzten Ernte stammen.

Mit anderen Worten: Wenn Sie ein Qualitätsprodukt herstellen wollen, dürfen Sie auch nur Zutaten guter Qualität verwenden.

Pflanzen anbauen und in der freien Natur sammeln

Wer Pflanzen selbst anbaut, hat den großen Vorteil, daß er genau weiß, wie sie kultiviert wurden: ohne übertriebene Anwendung von Düngern oder anderen Chemikalien. Bauen Sie nach Möglichkeit Gemüse, Obst und Kräuter biologisch an. Das bekommt Ihrer Gesundheit besser und auch der des Bodens. Wenn Maßnahmen zur Schädlingsbekämpfung unumgänglich sind, sollten Sie möglichst natürliche Feinde einsetzen. Sie sind im Fachhandel erhältlich und bei korrekter Anwendung ebenso wirkungsvoll wie chemische Sprühmittel.

Obst und Gemüse kaufen

Biologisch erzeugte Produkte bekommt man auch in Naturkostläden und einigen Supermärkten. Sie haben zwar nicht immer das perfekte Aussehen ihrer chemisch aufgeputschten Verwandten, doch ist ihr Geschmack in der Regel ausgezeichnet. Da es das Ziel der Vorratshaltung ist, den Duft und das Aroma der Ausgangsprodukte einzufangen, benötigt man Sorten, die sich von Natur aus durch diese Merkmale auszeichnen; ein leuchtendroter Apfel von perfektem Aussehen, der eine Beschaffenheit wie Watte hat, schmeckt auch als eingemachte Frucht um nichts besser.

Rohmaterialien in freier Natur sammeln

Erfreulicherweise kann man heute wieder Früchte, Beeren und Nüsse am Wegesrand sammeln, denn die Tage, als Bauern und Straßenmeistereien die Randstreifen mit Unkrautvernichtungsmitteln spritzten, gehören weitgehend der Vergangenheit an. So gibt es wieder zahlreiche Wildblumen, die die Weg- und Straßenränder im Frühling und im Sommer zieren, und ebenso schöne Hecken mit Holunderblüten, Brombeeren, Schlehen, Hagebutten und Mehlbeeren. Wer Früchte in der freien Natur sammelt, hat dabei mit Respekt vorzugehen. Achten Sie stets darauf, daß genügend für die Wildtiere übrigbleibt, da Rainhekken eine ihrer wichtigsten Nahrungsquellen sind. Pflücken Sie niemals Blüten oder Früchte von gefährdeten Pflanzen. Informieren Sie sich umfassend, welche Pflanzen in Ihrer Gegend geschützt sind, und halten Sie sich daran! Informationen zu geschützten Pflanzen bekommt man bei der örtlichen Naturschutzbehörde und in öffentlichen Bibliotheken.

Jeder, der schon einmal Brombeeren, Schlehen oder Walderdbeeren gesammelt hat, weiß, daß es erstaunlich lange dauert, bis eine nennenswerte Menge beisammen ist. Eine gute Idee ist es also, das Pflücken zu einer Gemeinschaftsaktion zu machen, und nehmen Sie einen Stock mit Haken mit, damit Sie auch an die besonders ertragreichen Zweige gelangen können. Was für den einzelnen mühsame Arbeit ist, kann auf diese Weise zum Spaß für die ganze Familie werden, bei dem alle außerdem von der frischen Luft und der Bewegung profitieren.

RECHTS: Erbsen aus dem eigenen Garten haben ein unvergleichliches Aroma, und das Palen im Sonnenschein ist eine entspannende Beschäftigung.

OBEN: Um eine kontinuierliche Ernte zu erzielen, sät man in regelmäßigen Abständen kleine Mengen an Samen aus.

OBEN: Rote Beten, die beim Ausdünnen anfallen, ergeben leckeres Minigemüse, und die Blätter können wie Spinat zubereitet werden.

RECHTS: Kräuter sollte man regelmäßig und am Morgen schneiden, wenn sie am aromatischsten sind.

Ernten

Der Lohn für alle Mühen ist die Ernte, wenn die sorgfältig gezogenen Früchte, Gemüse, Blumen und Kräuter eingesammelt und für das Vorratsregal verarbeitet werden. Die Erntezeit sollte stets mit Bedacht gewählt werden; ein trockener sonniger Tag mit einer leichten Brise ist ideal – für Sie und für die Produkte. Blumen und Kräuter schneidet man am Vormittag, nachdem der Morgentau weggetrocknet ist. Früchte müssen behutsam gepflückt werden, um Druckstellen und andere Beschädigungen zu vermeiden. Junges Gemüse erntet man am besten in kleinen Portionen, die anschließend sofort weiterverarbeitet werden. Wurzelgemüse holt man vor dem ersten Frost aus der Erde.

Vorräte verwenden und ansprechend präsentieren

Man ist versucht, seine selbst gemachten Vorräte wie kleine Kunstwerke zu behandeln, die man ansehen und bewundern, aber nicht anrühren darf. Doch bei dieser Einstellung fehlt das Beste von allem – der Verzehr. Sobald man die Früchte seiner Arbeit erst einmal gekostet und genossen hat, fällt es leichter zu akzeptieren, daß der Vorratsschrank nicht um seiner selbst willen gefüllt ist, sondern eine sich ständig wandelnde Schatzhöhle mit Köstlichkeiten und Versuchungen darstellt.

Eine dunkle Speisekammer oder ein Keller sind der ideale Ort, um Marmeladen, Pickles und eingemachtes Obst und Gemüse aufzubewahren. Anderenfalls benutzt man einfach einen der Küchenschränke zur Aufbewahrung selbst gemachter Produkte. Warme, helle Räume sind zum Lagern von Eingemachtem und zum Trocknen von Blumen und Kräutern nicht ideal, doch wenn man einige Blumen und Kräuter speziell zu Dekorationszwecken trocknet und eingemachte Vorräte vor dem Verzehr für kurze Zeit auf einem hübschen Regal zur Schau stellt, büßen die meisten Produkte kaum an Qualität ein, und man braucht nicht auf Komplimente zu verzichten.

OBEN: Kleine Zinkeimerchen ergeben attraktive Behälter für verschiedene Heilkräuter und Blüten.

LINKS: Frische Kräuter lassen sich in dekorative Elemente verwandeln, wenn man sie in hübschen Glasgefäßen ins Zimmer stellt.

RECHTS: Herbstlaub und Schleifen aus Bast oder grober Kordel geben den Gläsern ein schönes, rustikales Aussehen.

Vorräte verpacken und dekorieren

Letzte Handgriffe können einen alltäglichen Gegenstand in etwas ganz Besonderes verwandeln. So wird etwa eine einfache Marmelade zu einem attraktiven Geschenk, wenn man sie in ein hübsches Glas gibt, den Deckel mit schönem Herbstlaub bedeckt und mit Bast festbindet. Und eine Flasche mit aromatischem Chili-Öl braucht kein Schildchen, auf dem der Inhalt angegeben ist, wenn man den Flaschenhals mit einem Sträußchen Chilischoten dekoriert.

Farbenfrohe Süßigkeiten erscheinen noch verlockender, wenn sie einzeln in Cellophan verpackt und mit einer Bastschleife versehen sind oder in einem hübschen Holzkistchen liegen.

Weine und Liköre wirken besonders festlich, wenn man sie in dekorative Glasflaschen füllt und mit vergoldeten Blättern und Korken schmückt.

OBEN: Dekorative Elemente haben diesen mit Zitrone und Limette aromatisierten Essig in ein herrliches Geschenk verwandelt.

OBEN: Naturmaterialien ergeben preiswerte Verpackungen.

LINKS: Eine getrocknete Orangenscheibe an einem Glas Marmelade ist ein eindeutiger Hinweis auf den Inhalt.

RECHTS: Die Herbstfarben des Potpourris tauchen in dem mattbraunen Band und der Sisalschnur wieder auf, mit denen die Cellophantüte zugebunden ist.

DIE SPEISEKAMMER

Eine unwiderstehliche Auswahl an eingemachtem Obst und Gemüse, aromatisiertem Öl und Essig, Backwaren und Süßigkeiten

Obst und Gemüse

Obst und Gemüse, das man konservieren möchte, sollte stets von bestmöglicher Qualität sein – ganz gleich, ob es aus dem eigenen Garten stammt oder man es anderenorts bezieht. Wer selbst Obst und Gemüse anbaut, sollte Sorten wählen, die für ihr gutes Aroma bekannt sind. Es ist erstaunlich, wie viele moderne Varietäten, die auf Krankheitsresistenz und Ertrag gezüchtet sind, ihren Geschmack zugunsten einheitlicher Farbe und Größe vollständig eingebüßt zu haben scheinen. Aus diesem Grund empfiehlt es sich, Obst und Gemüse vor der Verarbeitung immer erst zu kosten, um sicherzugehen, daß der Geschmack ein Konservieren überhaupt lohnt. Weniger perfekte Früchte wie Fallobst kann man zu Gelees verarbeiten, doch da es rasch verdirbt, sollte das Obst unmittelbar nach dem Einsammeln verarbeitet werden.

Bewahren Sie nach Möglichkeit Obst und Gemüse an einem dunklen, kühlen, aber frostfreien Ort mit guter Belüftung auf. So halten sie sich ausgesprochen gut, speziell wenn sie zum Einlagern entsprechend vorbereitet werden. Wurzelgemüse wie Möhren, Pastinaken und Rote Beten halten sich monatelang, wenn man sie in Kisten mit Sand legt (es muß jedoch Gartensand, kein Maurersand sein). Äpfel und Birnen kann man auf Lattenrosten aufbewahren, wobei sich die Früchte nicht berühren dürfen, oder man wickelt sie einzeln in Zeitungspapier und lagert sie in Kisten. Auf diese Weise halten sich zum Beispiel Äpfel der Sorte Berlepsch und Birnen der Sorte Conference den ganzen Winter über.

Obst darf niemals in der Nähe von Kartoffeln lagern, da es sich sonst verfärbt. Wichtig ist auch, die eingelagerten Früchte und das Gemüse in regelmäßigen Abständen zu kontrollieren. Verarbeiten Sie die reifen Früchte, und sortieren Sie solche mit fauligen Stellen aus, damit nicht auch das gesunde Obst und Gemüse befallen wird.

UNTEN: Der Geschmack von Tomaten verbessert sich, wenn man sie bei Raumtemperatur und nicht im Kühlschrank aufbewahrt. Im Idealfall werden Tomaten erst gepflückt, wenn sie ausgereift sind, doch auch nicht ganz reife Früchte bekommen auf diese Weise ein besseres Aroma.

Oben: Lagern Sie im Herbst Äpfel für den Winter ein. Dazu werden einwandfreie Früchte einzeln in Zeitungspapier gewickelt und dann in Holzstiegen oder Pappkartons gelegt. Eine andere Möglichkeit ist es, die Äpfel uneingepackt auf Lattenroste zu legen, wobei sie sich nicht berühren dürfen.

Rechts: Bei dem traditionellen Verfahren, Wurzelgemüse einzulagern, packt man sie in feinen Gartensand. Danach werden sie vollständig abgedeckt und an einem kühlen, dunklen Platz aufbewahrt, wo sie sich monatelang halten, ohne an Geschmack und Frische zu verlieren.

Kräuter und Blumen

Wenn man genügend Platz im Garten hat, um zum Trocknen bestimmte Kräuter und Blumen anzubauen, läßt sich viel Geld sparen.

Kräuter variieren erheblich in der Intensität ihres Aromas, und es lohnt sich, einen zuverlässigen Lieferanten ausfindig zu machen, von dem man bewährte Züchtungen beziehen kann. Wer nicht den Platz hat, um alle benötigten Kräuter selbst zu kultivieren, kann bei Versandfirmen frische und getrocknete Kräuter guter Qualität bestellen, die erheblich preiswerter sind als im Supermarkt. Erstklassige Kräuter und Gewürze sind auch in Geschäften mit indischen und südostasiatischen Lebensmitteln erhältlich.

Kräuter sollen vor der Blüte am Morgen eines trockenen Tages geschnitten werden, da die Konzentration der ätherischen Öle dann am stärksten ist. Von mittags an verfliegen die Öle, und das Aroma und der Duft werden schwächer.

Auch wenn es sehr dekorativ aussieht, Kräuter zu Sträußen gebunden zum Trocknen vor einem alten Küchenschrank oder einer Holzwand aufzuhängen, ist dies nicht die beste Trockenmethode. Besser umwickelt man die Sträuße zum Aufhängen trichterförmig mit Packpapier, damit sie lichtgeschützt sind. Wenn die Pflanzen dann vollständig getrocknet sind (gewöhnlich nach etwa zwei Wochen), nimmt man das Papier ab, zieht die Blättchen von den Stielen und bewahrt sie in eingefärbten Gläsern an einem dunklen Platz auf. So ist sichergestellt, daß sie noch ein intensives Aroma besitzen, wenn man sie später zum Kochen oder als Duftstoffe verwenden will.

Pflanzt man Blumen speziell zum Trocknen an, konzentriert man sich am besten auf Sorten, die im Handel schwer zu bekommen oder teuer sind, wie etwa Pfingstrosen, Kornblumen und Rosen. Außer Sie haben einen riesigen Garten, macht es wenig Sinn, große Mengen an Statizen und Strohblumen auszusäen, die man in vielen Geschäften preiswert und problemlos kaufen kann.

Blumen, die zum anschließenden Trocknen geschnitten werden, sollen in Blüte stehen, aber noch nicht vollständig aufgeblüht sein, da sonst die Blütenblätter abfallen. Am besten schneidet man sie ebenfalls morgens bei trockenem Wetter. Anschließend werden sie zu Sträußen gebunden und kopfüber an einen warmen, nicht zu hellen Platz gehängt, bis sie sich trocken

LINKS: Einfach, aber überaus effektiv lassen sich frische Kräuter konservieren, indem man sie in ein mit Meersalz gefülltes Gefäß mit dicht schließendem Deckel legt. Die Kräuter bleiben auf diese Weise so frisch und aromatisch wie am Tag ihrer Ernte und verleihen dem Salz überdies einen köstlichen und charakteristischen Geschmack.

OBEN: Frische Kräuter sollten früh am Tag geschnitten werden, wenn ihr Aroma am intensivsten ist. Im Haus stellt man sie bis zur Verwendung an einen kühlen Platz und wirft sie weg, sobald sie schlaff und unansehnlich werden.

LINKS: Das beste Verfahren zum Trocknen frischer Blumen ist, sie locker zu kleinen Sträußen zu binden und kopfüber an einen gut belüfteten Platz zu hängen. Damit die Farben nicht verblassen, sollte kein Sonnenlicht auf sie fallen.

anfühlen. Pfingstrosen müssen bis zur Blütenmitte durchgetrocknet sein. Zu diesem Zweck legt man sie nach dem Trocknen an der Luft noch für etwa vier Stunden bei niedriger Temperatur in den Backofen.

Die fertigen Trockenblumen packt man in Kartons und bewahrt sie bis zur Verwendung an einem trockenen Ort auf. Es ist wichtig, getrocknete Blumen in Kartons aufzubewahren, damit sie vor Staub geschützt sind und ihre Farbe so gut wie möglich erhalten bleibt.

Wenn Sie Trockenblumen kaufen, dann am besten direkt vom Züchter, da sie dort unter optimalen Bedingungen lagern und nicht mehrfach verladen werden müssen, bis sie in die Geschäfte gelangen. Bei Trockenblumen zu Niedrigpreisen handelt es sich fast immer um alte Ware, die brüchig und ausgeblichen ist.

Natürliche Konservierung

Zum Haltbarmachen von Obst, Gemüse, Kräutern und auch Blumen gibt es eine Reihe altbewährter Methoden, wie etwa das Einwecken oder Trocknen.

Einkochen und Einlegen

Nahrungsmittel können durch verschiedene natürliche Konservierungsmittel haltbar gemacht werden. Gemüse und Kräuter lassen sich in Salz, Lake und Öl einlegen oder in kleinen Mengen zum Aromatisieren von Öl benutzen. Gemüse, Früchte und Kräuter können jedoch auch in Essig eingelegt oder zum Aromatisieren von Essig und Zitronensaft verwendet werden. Selbst mit Zucker und Honig werden Früchte, Kräuter und Blumen haltbar gemacht, oder sie werden von ihnen aromatisiert. Früchte, Kräuter und Blumen können außerdem in Alkohol konserviert oder zu Wein und Likör verarbeitet werden.

Trocknen

Gemüse, Kräuter, Obst und Blumen lassen sich alle durch Trocknen an der Luft oder bei niedriger Temperatur im Backofen konservieren.

EINWECKEN IM WASSERBAD

1 Auf den Topfboden ein zusammengefaltetes Tuch oder einen Holzuntersetzer legen.

2 Die Einweckgläser in den Topf stellen und Tücher dazwischenstecken, damit sie sich nicht berühren.

3 Den Topf mit Wasser füllen, so daß die Gläser wenigstens 2,5 cm hoch davon bedeckt sind, und langsam erhitzen.

4 Nach dem Einwecken und Abkühlen den Verschluß öffnen und kontrollieren, ob die Gläser auch fest verschlossen sind.

Oben: Selbst eingemachte und konservierte Speisen wirken meist attraktiv, ganz gleich, ob sie getrocknet, in Sirup eingeweckt oder in Öl eingelegt sind.

Einwecken und sterilisieren

Um schädliche Bakterien bei Obst und Gemüse, das in Lake, Sirup oder im eigenen Saft eingeweckt wird, abzutöten, müssen die Produkte und die Gläser im Wasserbad oder im Backofen sterilisiert werden. Beim Wasserbad die Anleitung auf Seite 28 befolgen. Alternativ die Deckel auf die Gläser legen, aber nicht befestigen. Die Gläser auf ein mit Zeitungspapier ausgelegtes Backblech stellen und ca. 45 Minuten bei 120 °C in den Backofen geben. Die Gläser herausnehmen und sofort verschließen. Während des Abkühlens bildet sich in den Gläsern ein Vakuum, das für einen sicheren Verschluß sorgt. Stets saubere, unbeschädigte Gläser mit neuen Gummiringen verwenden.

Gefäße auswählen und vorbereiten

Für die meisten Rezepte in diesem Kapitel wurden Gläser und Glasflaschen verwendet. Glas ist haltbar, vielseitig und dekorativ. Sein großer Vorteil gegenüber Aluminium, Steingut, Terrakotta, Zinn und Porzellan ist, daß der Inhalt sichtbar bleibt und vorteilhaft zur Geltung kommt. Modernes Recycling-Glas besitzt viele Qualitäten von antikem Glas, wie etwa Wolken und Verfärbungen, und es ist preiswert. Auch alte Bonbon-, Einkoch- und Marmeladengläser, die man beim Trödler findet, lassen sich überaus wirkungsvoll einsetzen, sofern man sie ordentlich säubern kann. Zum Einwecken sollte man sie jedoch in keinem Fall benutzen.

Glasgefäße sterilisieren

Um Glasgefäße im Geschirrspüler zu sterilisieren, den heißesten Spülgang wählen und kein Reinigungsmittel in die Maschine füllen. Wer keine Geschirrspülmaschine besitzt, kann folgendermaßen vorgehen: Die Glasgefäße in heißem Seifenwasser säubern und mit klarem Wasser gründlich nachspülen. Die Gefäße dann richtig herum auf einem Holzbrett (sie dürfen sich nicht berühren) in den kalten Backofen stellen. Den Ofen auf 110 °C schalten und die Glasgefäße 30 Minuten erhitzen. Werden sie anschließend nicht sofort gebraucht, ein sauberes Tuch darüber decken.

OBEN: Altmodische Glasflaschen sind voller Charakter und sehr ansprechend. Geeignet für Rezepte, bei denen die benutzten Gefäße zwar sauber, aber nicht unbedingt steril sein müssen.

OBEN: Es gibt Flaschen und Gläser, die speziell zum Einkochen gedacht sind und wiederverwendet werden können. Man sollte jedoch stets neue Gummiringe oder Deckel nehmen.

Deckel und Verschlüsse

In welcher Weise die Gefäße verschlossen sein müssen, ist von der Konservierungsmethode abhängig. Bei Marmeladen reicht es aus, die Gläser vor der Verwendung gründlich zu säubern und abzutrocknen, ein rundes Stück Pergamentpapier auf die Marmelade zu legen und das Glas mit Einmachhaut zu verschließen. Weine und Liköre halten sich gut in Flaschen, die mit neuen Korken verschlossen sind. Essig- und Ölflaschen kann man entweder mit neuen Korken oder mit Schraubdeckeln verschließen. Bei eingewecktem Obst und Gemüse sind hingegen neue Gummiringe nötig.

OBEN: Bei Glasgefäßen muß der Inhalt nicht auf einem Schildchen vermerkt werden, doch empfiehlt es sich, das Herstellungsdatum festzuhalten, damit der Inhalt beizeiten verzehrt wird.

Am besten auf allen Gefäßen den Inhalt und das Herstellungsdatum vermerken. Klebeschildchen lassen sich direkt auf die Gefäße kleben, Schildchen aus Pappe, Holz oder Metall bindet man am Deckel fest. Werden Vorräte im Keller oder in der Speisekammer aufbewahrt, wo es immer etwas feucht sein kann, fallen die Papierschildchen leicht ab. Es empfiehlt sich daher, haltbares Material wie Metall oder Holz für die Schildchen zu wählen.

Aromatisiertes Öl

Verschiedene aromatisierte Öle verleihen Speisen das ganze Jahr hindurch einen sommerlichen Geschmack. Sie sollten jedoch am besten innerhalb von drei Monaten verbraucht werden.

KNOBLAUCHÖL

Dieses köstliche Öl läßt sich für Dressings und zum Bestreichen von Fisch, Fleisch und Gemüse verwenden. Außerdem erspart es einem die Mühe, jedesmal beim Kochen die Knoblauchpresse säubern zu müssen. Die Knoblauchzehen, die vor dem Verschließen der Flaschen aus dem Öl genommen werden, nicht wegwerfen: Sie schmecken wundervoll, wenn man sie auf frisches Weißbrot streicht, oder auch als Würzpaste zu Fleisch, Fisch oder Gemüse. Wird der Knoblauch nicht sofort verbraucht, die Zehen in ein Glas füllen, mit Öl bedeckt im Kühlschrank aufbewahren und innerhalb von zehn Tagen verwenden.

Ergibt 750 ml
25 große pralle Knoblauchzehen
900 ml natives Olivenöl, kaltgepreßt

OBEN: Aromatisierte Öle in Glasflaschen sehen hübsch aus und schmecken gut.

1 Die Knoblauchzehen abziehen.

2 Das Öl in einem kleinen Topf erhitzen, bis es leise köchelt. Dann die Knoblauchzehen hinzufügen und etwa 25 Minuten ziehen lassen, bis sie weich und glasig sind. Im Topf abkühlen lassen.

3 Die Knoblauchzehen aus dem Öl nehmen. Das Öl in eine saubere Flasche gießen, mit einem Schraubdeckel oder einem Korken verschließen.

CHILI-ÖL

In Südfrankreich werden Pizzen mit Chili-Öl beträufelt, was ihnen eine pikante Note verleiht. Chili-Öl läßt sich auch für pfannengerührtes Gemüse oder zum Grillen verwenden. Für ein kräftigeres Aroma fügt man dem Öl zusätzlich Knoblauch, Thymian und Pfefferkörner hinzu.

Ergibt 500 ml
500 ml natives Olivenöl
1 kleine frische grüne Chilischote
5 kleine frische rote Chilischoten

Das Olivenöl in eine saubere, trockene Flasche füllen. Die grüne Chilischote quer in feine Ringe schneiden und zusammen mit den ganz belassenen roten Schoten zum Öl geben. Die Flasche mit einem neuen Korken fest verschließen und das Öl zum Durchziehen 10–14 Tage stehen lassen. Die Flasche während dieser Zeit gelegentlich schütteln.

SAFRANÖL

Safran ist als Aromazutat unübertroffen. Er zählt zu den teuersten Gewürzen der Welt, doch benötigt man auch nur sehr kleine Mengen davon, insbesondere wenn man Safran zum Aromatisieren von Öl verwendet und dann gegrillten Fisch mit dem Öl bestreicht.

Ergibt 250 ml
Eine große Prise Safranfäden
250 ml helles Olivenöl oder reines Sonnenblumenöl

Die Safranfäden in eine saubere Flasche geben. Die Flasche mit Öl füllen und mit Korken verschließen. Zwei Wochen durchziehen lassen und die Flasche während dieser Zeit täglich behutsam schütteln.

OBEN: Aromatisierte Öle bieten die Möglichkeit, der winterlichen Küche den Geschmack des Sommers zu verleihen, da die Frische der Kräuter und Gewürze im Öl eingefangen ist.

TERIYAKI-MARINADE

Diese japanische Marinade eignet sich wunderbar für Grillfleisch. Das Fleisch vor dem Garen mindestens eine Stunde marinieren.

Ergibt 375 ml
150 ml Olivenöl
150 ml Sojasauce
2 EL geriebener frischer Ingwer
2 Knoblauchzehen, zerdrückt
1 EL abgeriebene Schale von 1 Orange
60 ml/4 EL trockener Sherry

Alle Zutaten in eine weithalsige Flasche oder ein Glas füllen. Den Behälter fest verschließen und kräftig schütteln, bis die Zutaten gründlich vermischt sind. Die Marinade vor der Verwendung über Nacht durchziehen lassen. Zum Aufbewahren an einen kühlen Platz ohne direktes Sonnenlicht stellen.

HINWEIS: In Ölen, die frische Kräuter und Gewürze enthalten, können sich schädliche Schimmelpilze bilden, vor allem dann, wenn die Flaschen angebrochen und die Aromazutaten nicht vollständig mit Öl bedeckt sind. Um dies zu verhindern, empfiehlt es sich, die Kräuter und Gewürze aus dem Öl zu nehmen, sobald das Öl ihr Aroma angenommen hat.

Aromatisierter Essig

Durch Essig, der mit Früchten aromatisiert ist, erhalten Salatsaucen einen herrlich vollen Geschmack, und bei sparsamer Verwendung läßt sich das Aroma von noch nicht ganz reifen Erdbeeren und Nektarinen unterstreichen. Alle aromatisierten Essige verbraucht man am besten innerhalb von drei Monaten.

HIMBEERESSIG

Ergibt 750 ml
600 ml Rotweinessig
1 EL Einmachgewürz
450 g frische oder tiefgefrorene Himbeeren
2 Zweige frischer Zitronenthymian

OBEN: Himbeeressig

1 Den Essig mit den Gewürzen in einen Topf gießen. 5 Minuten leicht erhitzen.

2 Die Himbeeren in einer Schüssel mit dem heißen Essig übergießen und den Zitronenthymian hinzufügen. Das Ganze zugedeckt zwei Tage an einem kühlen, dunklen Ort durchziehen lassen und zwischendurch gelegentlich durchrühren.

3 Den Essig durch ein Sieb gießen, in eine saubere, trockene Flasche füllen und mit einem Korken verschließen.

ZITRONEN-LIMETTEN-ESSIG

Mit Zitrusfrüchten aromatisierter Essig eignet sich ausgezeichnet für pikante Saucen wie eine Hollandaise.

Ergibt 600 ml
600 ml Weißweinessig
Schale von 1 unbehandelten Limette
Schale von 1 unbehandelten Zitrone

Den Essig in einem Topf zum Kochen bringen, die Limetten- und Zitronenschale in einer Schüssel damit übergießen. Zugedeckt drei Tage durchziehen lassen. Dann durch ein Sieb gießen, in eine saubere, trockene Flasche füllen und als Farbtupfer frische Zitrusschalen dazugeben.

ROSMARINESSIG

Kräuteressig eignet sich hervorragend zum Aromatisieren von Dressings und Saucen.

Ergibt 600 ml
600 ml Weißwein- oder Apfelessig
90 ml/6 EL gehackter frischer Rosmarin sowie einige ganze Stengel

Den Essig in einem Topf zum Kochen bringen und den Rosmarin in einer Schüssel damit übergießen. Zugedeckt drei Tage durchziehen lassen. Dann durch ein Sieb gießen, in eine saubere, trockene Flasche füllen und zur Dekoration einen Stengel Rosmarin hinzufügen.

ESTRAGONESSIG

Die Zubereitung erfolgt wie bei Rosmarinessig, aber mit Estragon.

RECHTS: Köstlicher aromatisierter Essig läßt sich schnell und einfach herstellen.

Pickles und Chutneys

Keine Vorratskammer wäre vollständig ohne einige Pickles und Chutneys. Sie lassen sich einfach zubereiten und sind genau das Richtige, wenn es große Mengen an Obst oder Gemüse zu verarbeiten gilt. Sie passen gut zu Brot und Käse oder kaltem Bratenfleisch und sind stets ein willkommenes Geschenk.

KASCHMIR-CHUTNEY

Ganz nach der Tradition der Vorratshaltung ist dies ein typisches Familienrezept, das von Generation zu Generation weitergegeben wurde.

Das Chutney paßt ausgezeichnet zu Grillwürsten.

Ergibt etwa 2,75 kg
1 kg grüne Äpfel
15 g Knoblauchzehen
1 l Malzessig
450 g Datteln
115 g eingelegter Ingwer
450 g kernlose Rosinen
450 g brauner Zucker
1/2 TL Cayennepfeffer
25 g Salz

OBEN: Kaschmir-Chutney

1 Die Äpfel vierteln und das Kerngehäuse entfernen. Grob in Stücke schneiden.

2 Den Knoblauch abziehen und hacken.

3 Äpfel und Knoblauch in einem Topf mit Essig bedecken und weich kochen. Datteln und Ingwer hacken und zusammen mit den übrigen Zutaten zu den gekochten Äpfeln und dem Knoblauch geben. Alles 45 Minuten köcheln lassen, das Chutney in sterilisierte Gläser füllen und diese sofort verschließen.

CHUTNEY VON GRÜNEN TOMATEN

Unreife Tomaten sind kein gärtnerischer Mißerfolg, sondern werden zu einem kulinarischen Erlebnis, wenn man dieses köstliche Chutney daraus zubereitet.

Ergibt etwa 2,5 kg
1 kg grüne Tomaten
450 g Äpfel
2 mittelgroße Zwiebeln
1 l Malzessig
425 g brauner Zucker
250 g Sultaninen
1 1/2 TL Senfpulver
1 TL gemahlener Zimt
1/4 TL gemahlene Nelken
1/4 TL Cayennepfeffer

Die Tomaten vierteln und in einen großen Einkochtopf geben. Die ungeschälten Äpfel vierteln und das Kerngehäuse entfernen, in Stücke schneiden und zu den Tomaten geben. Die Zwiebeln hacken und mit allen übrigen Zutaten zu den Tomaten in den Topf geben. Das Ganze behutsam unter Rühren erhitzen, bis sich der Zucker aufgelöst hat. Zum Kochen bringen und ohne Deckel unter gelegentlichem Rühren 1 1/2 Stunden köcheln lassen, bis das Chutney eingedickt ist. Das Chutney in vorgewärmte, sterilisierte Gläser füllen und die Gläser sofort verschließen.

BIRNEN-CHUTNEY AUS FALLOBST

Die scheinbar nicht verwertbaren, steinharten Birnen, die nach starkem Wind bergeweise unter alten Birnbäumen liegen, eignen sich hervorragend zum Kochen und lassen sich in dieses schmackhafte Chutney verwandeln.

OBEN: Die Kaufleute, die Gewürze aus Indien holten, brachten auch Rezepte für Chutneys mit.

Ergibt etwa 2 kg
675 g Birnen, geschält, Kerngehäuse entfernt, in Stücke geschnitten
225 g Zwiebeln, gehackt
175 g Rosinen
115 g Äpfel, Kerngehäuse entfernt, in Stücke geschnitten
50 g frischer Ingwer, gehackt
115 g Walnüsse, gehackt
Saft und abgeriebene Schale von 1 unbehandelten Zitrone
1 Knoblauchzehe, gehackt
600 ml Apfelessig
175 g brauner Zucker
2 Nelken
1 TL Salz

Birnen, Zwiebeln, Rosinen, Äpfel, Ingwer, Walnüsse, Knoblauch sowie Saft und Schale der Zitrone in eine Schüssel geben. Essig, Zucker, Nelken und Salz in einem Topf behutsam unter Rühren erhitzen, bis sich der Zucker auflöst. Dann aufkochen lassen und über die Zutaten gießen. Zugedeckt über Nacht stehen lassen. Dann in großem Topf 1 1/2 Stunden köcheln lassen, bis das Obst weich und das Chutney eingedickt ist. In vorgewärmte, sterilisierte Gläser füllen und die Gläser verschließen.

OBEN: Der volle Geschmack von Früchten und Gemüse ist in diesen farbenprächtigen Pickles verschiedenster Art erhalten geblieben.

DILLGURKEN

Für diese pikant eingelegten Gurken – ein Muß für jede Vorratskammer – verwendet man Freiland-Gemüsegurken.

Ergibt 3 Gläser von 1 l Inhalt
675 g Gemüsegurken
Ein großes Bund frischer Dill
5 Knoblauchzehen, abgezogen und in Scheiben geschnitten
900 ml Weißweinessig
3 EL grobes Salz
6 schwarze Pfefferkörner
6 weiße Pfefferkörner
2 Lorbeerblätter
1 Sternanis

Die Enden der Gurken abschneiden. Die Gurken dann in 5 cm lange Stücke zerteilen, sie in einer Schüssel mit kaltem Wasser bedecken und für 24 Stunden in den Kühlschrank stellen.

Die Gurken abgießen und jedes Stück mehrmals mit einem Holzspießchen einstechen. Die Gurkenstücke mit dem Dill und dem Knoblauch in sterilisierte Gläser füllen.

Den Essig mit 375 ml Wasser in einen Topf gießen. Dann das Salz, die Pfefferkörner, die Lorbeerblätter und den Sternanis hinzufügen und alles zusammen 5 Minuten kochen lassen. Den Topf von der Kochstelle nehmen, die Gurken mit der heißen Flüssigkeit übergießen und die Gläser sofort sorgfältig verschließen.

Sollen die eingelegten Gurken etwas süßer schmecken, 3 EL Zucker zum Essigsud geben.

SAUER EINGELEGTE BIRNEN

Sauer eingelegte Birnen passen gut zu Schinken und Kartoffelpüree.

Ergibt 1 kg
1 kg harte Birnen
Saft von 2 Zitronen
675 g Demerara-Zucker
1 l Apfelessig
250 ml Wasser
3 Stangen Zimt
3 Sternanis
1 TL schwarze Pfefferkörner
1 TL ganze Pimentkörner

Die Birnen schälen und im Zitronensaft wenden, damit sie sich nicht verfärben. Dann zusammen mit den übrigen Zutaten in einen großen Topf geben und zum Kochen bringen. Die Temperatur reduzieren und die Birnen ungefähr

45 Minuten köcheln lassen, bis sie fast weich sind.

In sterilisierte Gläser füllen und mit dem Essigsud übergießen, so daß die Birnen mit Flüssigkeit bedeckt sind. Die Gläser sofort verschließen.

EINGELEGTE SCHALOTTEN

Diese Schalotten haben ein köstliches süß-saures Aroma und sind im Gegensatz zu manch anderen eingelegten Zwiebeln überhaupt nicht streng im Geschmack. Überbrüht man die ungeschälten Schalotten mit kochendem Wasser, läßt sich die Haut erheblich einfacher abziehen, und hält man sie dabei unter fließendes Wasser, tränen die Augen weitaus weniger.

Ergibt etwa 3 Gläser von 500 ml Inhalt
675 g Schalotten, ungeschält
Lorbeerblätter (1 pro Glas)
600 ml Malzessig
175 g brauner Zucker
50 g Meersalz
2 TL Einmachgewürz
7,5 ml/½ EL Balsamessig

Die Schalotten in einer großen Schüssel mit kochendem Wasser übergießen. 10 Minuten stehen lassen, dann die Schalotten herausnehmen und schälen. In sterilisierte Gläser füllen und jeweils ein Lorbeerblatt hinzufügen.

Den Malzessig in einen Topf gießen und Zucker, Meersalz und Einmachgewürz hinzufügen. Unter Rühren erhitzen, bis sich der Zucker vollständig aufgelöst hat, dann zum Kochen bringen. Den Topf von der Kochstelle nehmen und den Balsamessig dazugeben.

Den Essigsud über die Schalotten gießen und die Gläser sofort verschließen. Vor dem Verzehr zwei Wochen durchziehen lassen.

RECHTS: Das Vorbereiten der Schalotten ist erheblich einfacher, wenn man sie zunächst mit kochendem Wasser übergießt und anschließend unter fließendem Wasser schält.

ARTISCHOCKEN IN OLIVENÖL

Artischocken verleihen Vorspeisen stets einen Hauch von Luxus, und da sie zu den wenigen Gemüsen zählen, die es noch nicht das ganze Jahr hindurch gibt, sollte man sie für den Winter konservieren.

Ergibt etwa 3 Gläser von 500 ml Inhalt
600 ml Weißweinessig
1 TL Salz
1 kg kleine Artischocken
2 kleine frische Chilischoten
1 TL schwarze Pfefferkörner
600 ml natives Olivenöl

Essig, 600 ml Wasser und das Salz in einen Topf geben. Die äußeren Artischockenblätter entfernen, die Spitzen der verbliebenen Blätter sowie die Stiele abschneiden. Jede Artischocke nach dem Putzen sofort in den Topf mit dem Essigwasser legen, damit sich die Schnittflächen nicht verfärben. Die Artischocken etwa 10 Minuten kochen lassen, bis sie weich sind. Abgießen, abkühlen lassen und anschließend mit den Chillies und den Pfefferkörnern in sterilisierte Gläser füllen. Mit Olivenöl bedecken und die Gläser verschließen. Innerhalb von sechs Monaten verbrauchen.

GEMÜSE IN OLIVENÖL

Wenn es im Garten oder auf dem Markt reichlich frisches Gemüse gibt, kann man es zusammen mit Oliven und Zitronenscheiben in große Gläser füllen. Mit Olivenöl bedeckt, ist es dann fast so gut wie in Gläsern eingefangener Sonnenschein.

Die Menge ergibt sich aus der verwendeten Gemüsemenge
Unterschiedliches Gemüse, wie Paprikaschoten, Auberginen, Möhren, Zucchini, Champignons, Brokkoli und Knoblauch
Grüne und schwarze Oliven, mit Knoblauch und Gewürzen aromatisiert
1 unbehandelte Zitrone, in Scheiben geschnitten
Lorbeerblätter
Natives Olivenöl

Das Gemüse in große ansehnliche Stücke schneiden. Jede Sorte getrennt 3–4 Minuten in kochendem Wasser blanchieren, abtropfen und abkühlen lassen.

Das Gemüse mit den Oliven, Zitronenscheiben und Lorbeerblättern in ein sterilisiertes Glas schichten und vollständig mit Olivenöl bedecken. Das Glas verschließen und innerhalb von drei Monaten aufbrauchen.

Buttermischungen

Mit Kräutern oder anderen Aromazutaten vermischte Butter schmeckt herrlich, wenn man sie einfach auf frisches, knuspriges Brot streicht oder zu gegrilltem Fisch, Fleisch oder Gemüse reicht.

BUTTER MIT GERÖSTETER PAPRIKA

Beim Rösten verwandelt sich der Geschmack roter Paprikaschoten; unter Butter gemischt, ergeben sie einen aromatischen, süßen Aufstrich, der gut für Picknicks und Barbecues geeignet ist.

Ergibt 115 g
1 kleine rote Paprikaschote
15 ml/1 EL Zitronensaft
Salz und frisch gemahlener Pfeffer
115 g Butter (Raumtemperatur)
Olivenöl

OBEN: Butter mit gerösteter Paprika

1 Paprikaschote halbieren und grillen, bis die Haut schwarz ist; dabei immer wieder drehen. In Alufolie wickeln und 10–15 Minuten liegen lassen, damit sich die Haut löst.

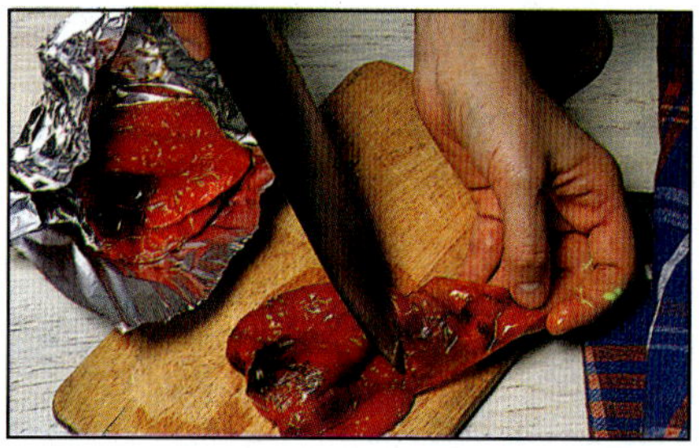

2 Nun die Haut abziehen, Stielansatz und Kerne entfernen, das Fruchtfleisch in feine Streifen schneiden. Die Paprikastreifen in der Küchenmaschine oder einem Mörser zusammen mit dem Zitronensaft und einer Prise Salz zu einer Paste verarbeiten.

3 Butter, Salz und Pfeffer hinzufügen und alles gründlich vermischen. Soll die Buttermischung geschmeidig werden, teelöffelweise ein wenig Olivenöl unterarbeiten.

KRÄUTERBUTTER

Die meisten Kräuter können mit Butter vermischt und zum Verfeinern von Gerichten verwendet werden. Probieren Sie einmal Minzebutter zu Erbsen, Dillbutter zu Fisch oder Petersilienbutter zu Kartoffeln. Solche Buttermischungen schmecken auch köstlich, wenn man sie auf Käsegebäck streicht, Eintöpfe damit verfeinert oder als Grundlage für Saucen verwendet.

Ergibt 175 g
175 g Butter (Raumtemperatur)
4 EL gehackte frische Kräuter
Salz und frisch gemahlener Pfeffer

Die Butter mit den Kräutern, Salz und Pfeffer vermengen. In kleine Porzellanförmchen füllen und kalt stellen, wenn sie unmittelbar verwendet werden soll. Sonst auf Pergamentpapier geben, zu einer langen Rolle formen und für einige Stunden einfrieren. Danach in kleine Portionen schneiden und in einem Plastikbeutel in das Gefriergerät geben. Am besten ist der Geschmack, wenn man die Kräuterbutter innerhalb von zwei Monaten verbraucht.

LIMETTENBUTTER

Mit etwas Limettenbutter bekommt ein einfaches Gericht wie gegrillter Fisch ein wundervoll exotisches Aroma.

Ergibt 115 g
Abgeriebene Schale von 2 unbehandelten Limetten sowie der ausgepreßte Saft von 1 Limette
115 g Butter (Raumtemperatur)
Salz und frisch gemahlener Pfeffer

Alle Zutaten vermischen und vor der Verwendung etwa zwei Stunden kalt stellen.

KNOBLAUCHBUTTER

Knoblauchbutter gibt fast jedem Gericht eine besondere Note und ist die wichtigste Zutat für Knoblauchbrot.

Ergibt 115 g
4 Knoblauchzehen
1 TL Meersalz
1 EL gehackte Petersilie
115 g Butter (Raumtemperatur)
1 EL Zitronensaft
Salz und frisch gemahlener Pfeffer

Den Knoblauch fein hacken und mit dem Meersalz im Mörser zu einer Paste zerreiben. Die Knoblauchpaste mit der Petersilie vermischen und dann mit dem Zitronensaft, Salz und Pfeffer unter die Butter schlagen. Die Zutaten können auch in der Küchenmaschine vermischt werden. Die Knoblauchbutter in kleine Porzellanförmchen füllen und wie Kräuterbutter (siehe Seite 40) im Kühlschrank oder im Gefriergerät aufbewahren.

SARDELLENBUTTER

Auf Vollkorntoast gestrichen ist diese Buttermischung ein köstlicher Imbiß am Nachmittag.

Ergibt 150 g
12 Sardellenfilets, für 1 Stunde in Milch gelegt
115 g weiche Butter
Saft von 1 Zitrone
Cayennepfeffer
Frisch gemahlener schwarzer Pfeffer
Olivenöl

OBEN: Knuspriges Stangenweißbrot und Buttermischungen sind alles, was man für ein köstliches und farbenfrohes sommerliches Mittagessen braucht, zu dem auch aromatische Oliven und ein fruchtiger Wein gehören.

Die Sardellenfilets abtropfen lassen und im Mörser zu einer Paste zerreiben. Die Paste mit der Butter vermengen. Mit dem Zitronensaft, Cayennepfeffer und frisch gemahlenem schwarzem Pfeffer würzen. Damit die Butter glatt und geschmeidig wird, ein wenig Olivenöl unterarbeiten. Die fértige Sardellenbutter in eine kleine Schüssel oder in Porzellanförmchen füllen. Wird die Sardellenbutter nicht eingefroren, muß sie innerhalb von zehn Tagen verbraucht werden.

Würzsaucen

Selbst gemachte Würzsaucen sollten in keiner Speisekammer fehlen, denn sie schmecken köstlich und sind auch stets ein willkommenes Geschenk für Freunde und Bekannte.

TRADITIONELLE MEERRETTICHSAUCE

Jeder, der gerne kocht, sollte zumindest einmal im Leben eine Meerrettichsauce aus frischem Meerrettich zubereitet haben. Es ist ein unvergeßliches Erlebnis – die durchdringende Schärfe, die sich allerdings abmildern läßt, wenn man die Wurzel beim Schälen unter Wasser hält und zum Reiben oder Hacken die Küchenmaschine benutzt. Dennoch empfiehlt es sich, dann beim Abnehmen des Deckels den Kopf zur Seite zu drehen, damit einem die Luft nicht wegbleibt. Aber lassen Sie sich keinesfalls entmutigen: Wenn diese einfachen Vorsichtsmaßnahmen eingehalten werden, läßt sich die Sauce mühelos herstellen, und das Ergebnis ist erheblich besser als alles, was es zu kaufen gibt. Meerrettichsauce ist zweifellos unentbehrlich zu Rindfleisch, schmeckt aber ebenso köstlich zu Räucherlachs. Die dickflüssige Crème double wird stets erst kurz vor dem Servieren hinzugefügt.

Ergibt etwa 200 ml
3 EL frisch geriebener Meerrettich
1 EL Weißweinessig
1 TL extrafeiner Zucker
Eine Prise Salz
Vor dem Servieren hinzufügen:
150 ml Crème double

Den geriebenen Meerrettich in eine Schüssel geben und den Essig, den Zucker und etwas Salz unterrühren. Die Sauce in ein sterilisiertes Glas füllen. Sie hält sich

OBEN: Tomaten-Ketchup und Minzesauce

bis zu sechs Monate, wenn man sie in den Kühlschrank stellt. Einige Stunden vor dem Servieren die Crème double unterrühren und durchziehen lassen.

MINZESAUCE

Minzesauce gehört für viele ebenso selbstverständlich zu einem Lammbraten wie Meerrettichsauce zu Rindfleisch.

Ergibt 250 ml
1 großes Bund Minze
150 ml Weinessig
6 TL Zucker

Die Minze fein hacken und in ein Glas von 600 ml Fassungsvermögen füllen. 100 ml/7 EL kochendes Wasser dazugießen und stehen lassen. Wenn das Wasser nur noch lauwarm ist, den Essig und den Zucker hinzufügen. In eine saubere Flasche füllen und im Kühlschrank aufbewahren. Die Sauce hält sich bis zu sechs Monate, ist aber am besten, wenn man sie innerhalb von drei Monaten verbraucht.

TOMATEN-KETCHUP

Das unverfälschte Tomatenaroma dieser selbst gemachten Würzsauce paßt besonders gut zu Hamburgern. Den Tomaten kann man die Haut mühelos abziehen, wenn man die Früchte über Nacht in das Tiefkühlgerät legt (beispielsweise auf einem Gitterrost). Nach dem Auftauen sollte sich die Haut einfach abziehen lassen.

Ergibt 2,75 kg
2,25 kg wirklich reife Tomaten
1 Zwiebel
6 Nelken
4 Pimentkörner
6 schwarze Pfefferkörner
1 Stengel frischer Rosmarin
25 g frischer Ingwer, in Scheiben geschnitten
1 Bleichsellerieherz
2 EL brauner Zucker
65 ml/4½ EL Himbeeressig (Rezept Seite 34)
3 Knoblauchzehen, abgezogen
1 EL Salz

Die Haut und die Samenkerne der Tomaten sorgfältig entfernen. Das Fruchtfleisch hacken und in einen großen Topf geben. Die Zwiebel mit den Nelken spikken und zusammen mit den Piment- und Pfefferkörnern, dem Rosmarin und dem Ingwer in ein Stück doppelt gelegtes Nesseltuch binden und mit in den Topf legen. Den Bleichsellerie mit den Blättern hakken und mit dem Zucker, dem Himbeeressig, dem Knoblauch und dem Salz in den Topf geben.

Die Zutaten bei starker Hitze unter gelegentlichem Rühren zum Kochen bringen. Dann die Temperatur herunterschalten und alles 1½–2 Stunden köcheln lassen, bis die Mischung um die Hälfte reduziert ist; zwischendurch immer wieder umrühren. Die Zutaten im Mixer pürieren oder durch ein Passiersieb streichen, anschließend zurück in den Topf gießen und noch 15 Minuten köcheln lassen. In saubere, sterilisierte Gläser oder Flaschen füllen und im Kühlschrank aufbewahren. Innerhalb von zwei Wochen aufbrauchen.

OBEN: Jede dieser Saucen ist eine kraftvolle Reduktion der Hauptzutaten.

Wird der Ketchup im Wasserbad oder im Ofen (siehe Seite 28 und 29) eingeweckt, hält er sich den ganzen Winter hindurch.

Salz- und Pfeffermischungen

Salz- und Pfeffermischungen waren früher überaus beliebt, werden heutzutage aber nur selten selbst hergestellt. Das ist schade, denn ihre Herstellung ist einfach, und frisch zubereitet haben sie ein viel besseres Aroma als jede Fertigmischung.

CAYENNESALZ

Bei dieser Salzmischung, die auf einem alten Indianer-Rezept basiert, entstehen herrlich gefärbte Salzkristalle, die ein wundervolles Aroma haben und anstelle von normalem Cayennepfeffer verwendet werden können. (Die Speisen dann nicht mehr zusätzlich salzen.)

Ergibt 80 g
2 EL Meersalz
50 g gemahlener Cayennepfeffer
120 ml Weißwein

Das Salz zusammen mit dem Cayennepfeffer im Mörser zerreiben. Den Wein sowie 250 ml Wasser zu den pulverisierten Gewürzen geben und alles in eine Flasche füllen. Mit einem Korken verschließen, gründlich schütteln und für eine Woche an einen warmen Platz stellen; von Zeit zu Zeit durchschütteln. Den Inhalt der Flasche dann in eine große flache Schale gießen und bei niedriger Temperatur in den Backofen oder an einen anderen warmen Platz stellen, bis die Flüssigkeit verdampft ist. Die Salzschicht von der Schale losschaben und die restliche Flüssigkeit über Nacht verdunsten lassen. In einem fest verschlossenen Glas dunkel aufbewahren. Ebenso läßt sich auch Chili- oder Kurkumasalz herstellen.

OBEN: Cayennesalz

ZITRONENPFEFFER

Getrocknete Zitronenschale und frisch gemahlener schwarzer Pfeffer ist eine überaus interessante Kombination. Zitronenpfeffer eignet sich gut für gegrillten Fisch und Salatsaucen.

Ergibt 125 g
115 g frisch gemahlener grober schwarzer Pfeffer
Abgeriebene Schale von 2 unbehandelten Zitronen, getrocknet

Die beiden Zutaten vermischen und in einem verschlossenen Glas aufbewahren. Zitronenpfeffer ist in den ersten vier Wochen am aromatischsten.

OBEN: Meersalz und Wachteleier

SELLERIESALZ

Selleriesalz paßt bestens zu hartgekochten Eiern, insbesondere Wachteleiern, die sich abends ausgezeichnet als Vorspeise zu einem Drink servieren lassen. Um Selleriesalz herzustellen, mischt man Selleriesamen und Meersalz zu gleichen Teilen. Möchte man eine grobe Salzmischung, beläßt man die Gewürze, wie sie sind, anderenfalls werden sie im Mörser zu Pulver zerrieben.

BUNTER PFEFFER

Schwarze, grüne, weiße und rote Pfefferkörner haben alle ihr eigenes charakteristisches Aroma. Man mischt sie zu gleichen Teilen und mahlt sie wie gewohnt kurz vor der Verwendung als exotisches Gewürz.

RECHTS: Ein Nest mit Wachteleiern auf einem Teller aus Blättern, eingerahmt von verschiedenen Salz- und Pfeffermischungen

Kräuter- und Gewürzmischungen

Kräuter- und Gewürzmischungen gibt es fertig zu kaufen, und wir akzeptieren nur allzu leicht, daß man genau diese Zusammenstellungen zu verwenden hat. Es besteht jedoch kein Grund, Kräuter und Gewürze nicht nach eigenem Geschmack zu mischen. Traditionell benutzt man dazu einen Mörser mit Stößel, doch erzielt man auch mit einer elektrischen Kaffeemühle sehr gute Ergebnisse.

ZITRONENMISCHUNG

Diese Zusammenstellung verschiedenster Zitronenaromen ergibt eine herrliche trockene Marinade für Hühnerfleisch, die man etwa 1 Stunde vor dem Grillen oder auch Braten auf der Geflügelhaut verreibt.

Ergibt etwa 50 g
2 Zitronen
2 EL Zitronenthymian, gehackt
1 EL Verbene, gehackt
1 EL Zitronengras, gehackt

OBEN: Zitronenmischung

1 Die Zitronenschale in Streifen abschneiden und mit den Kräutern auf einem Gitterrost 1–2 Tage trocknen lassen.

2 Die vollständig trockene Zitronenschale in einem Mörser zerreiben. Die anderen Zutaten hinzufügen und zerstoßen, bis die Mischung die gewünschte Beschaffenheit hat.

3 Kräuterpuder in Stoffsäckchen füllen.

QUATRE EPICES

Diese Mischung aus vier Gewürzen wird in Frankreich zum Würzen von Würsten, Pasteten und Terrinen verwendet.

7 Teile frisch gemahlener schwarzer Pfeffer
1 Teil frisch geriebene Muskatnuß
1 Teil gemahlener Zimt
1 Teil gemahlene Nelken

Die Gewürze vermischen und in ein Glas füllen. Gut verschließen und dunkel aufbewahren. Innerhalb von sechs Monaten aufbrauchen.

SÜSSE GEWÜRZMISCHUNG

Fertigmischungen dieser Art haben ein flaches Aroma im Vergleich zu einer Partie, die man selbst frisch gemahlen und gemischt hat. Man sollte nur verhältnismäßig kleine Mengen davon herstellen, die Gewürzmischung wie *quatre epices* in einem gut verschlossenen Behälter an einem dunklen Platz aufbewahren und innerhalb von sechs Monaten aufbrauchen. Vermerkt man das Herstellungsdatum auf dem Gefäß, weiß man, wann die Gewürzmischung durch eine frische Partie ersetzt werden sollte.

2 Teile getrocknete Ingwerwurzel
1 Teil weiße Pfefferkörner oder Pimentkörner
1 Teil Nelken
1 Teil Muskatnuß
1 Teil Stangenzimt

Die Gewürze mahlen und miteinander vermischen.

RECHTS: Kräuter und Gewürze zerkleinert man erst kurz vor der Verwendung.

Senfmischungen

Senf selbst herzustellen ist erstaunlich einfach, und wie auch bei anderen frisch gemahlenen Gewürzen ist der Geschmack erheblich intensiver als bei vor langer Zeit abgepackten und fertig gekauften Produkten.

SENF MIT CHAMPAGNER-ESSIG UND ESTRAGON

Dieser köstliche Senf paßt ausgezeichnet zu kalten Meeresfrüchten oder auch zu Huhn.

Ergibt etwa 250 g
2 EL Senfkörner
75 ml/5 EL Champagner-Essig
115 g trockenes Senfpulver
115 g brauner Zucker
1/2 TL Salz
50 ml/3 1/2 EL natives Olivenöl
4 EL gehackter frischer Estragon

Die Senfkörner über Nacht im Essig weichen lassen. Dann in den Mixer geben und mit Senfpulver, Zucker und Salz zu einer glatten Masse verarbeiten. Bei laufendem Gerät langsam das Öl hinzufügen. Den frischen Estragon unterrühren. Den Senf in sterilisierte Gläser füllen, verschließen und an einem kühlen Platz aufbewahren.

HONIGSENF

Honigsenf hat ein kräftiges Aroma und schmeckt köstlich in Saucen und Salat-Dressings.

Ergibt etwa 500 g
225 g Senfkörner
1 EL gemahlener Zimt
1/2 TL gemahlener Ingwer
300 ml Weißweinessig
90 ml/6 EL dunkler flüssiger Honig

Die Senfkörner mit den Gewürzen vermischen, mit dem Weißweinessig übergießen und über Nacht stehen lassen. Die Zutaten dann im Mörser zu einer Paste verarbeiten und dabei nach und nach den Honig dazugeben. Damit der fertige Senf die Konsistenz einer festen Paste bekommt, nötigenfalls noch etwas Essig hinzufügen. Den Senf in sterilisierten Gläsern im Kühlschrank aufbewahren. Er sollte innerhalb von vier Wochen aufgebraucht werden.

MEERRETTICHSENF

Meerrettichsenf besitzt eine pikante Schärfe und paßt daher ausgezeichnet zu kaltem Bratenfleisch, Räucherfisch oder Käse.

Ergibt etwa 400 g
25 g Senfkörner
115 g trockenes Senfpulver
115 g Zucker
120 ml Weißwein- oder Apfelessig
50 ml Olivenöl
1 TL Zitronensaft
2 EL Meerrettichsauce (Rezept Seite 42)

Die Senfkörner in einer Schüssel mit 250 ml kochendem Wasser übergießen und mindestens 1 Stunde stehen lassen. Dann abgießen und zusammen mit den übrigen Zutaten in den Mixer geben. Die Mischung zu einer glatten Paste verarbeiten und in sterilisierte Gläser füllen. Den Senf im Kühlschrank aufbewahren. Er sollte innerhalb von drei Monaten aufgebraucht werden.

RECHTS: (von links) Honigsenf, Meerrettichsenf und Senf mit Champagner-Essig und Estragon

Marmelade, Gelee und Honig

Selbst gemachte Marmeladen, Gelees und Honig sind ideal, um große Mengen an Obst zu verarbeiten, und haben überdies ein intensives Aroma, das man bei gekauften Produkten selten findet. Es gibt Einmachzucker, der bereits Pektin enthält, so daß die Marmeladen und Gelees nur wenige Minuten zu kochen brauchen, damit sie gelieren. Dies vereinfacht die Zubereitung, gewährleistet gleichmäßig gute Ergebnisse und bedeutet, daß man ein oder zwei Partien Marmelade durchaus in weniger als einer halben Stunde kochen kann.

Eine einfache Form der Gelierprobe ist es, ein wenig heiße Marmelade auf eine gekühlte Untertasse zu geben. Ist der Gelierpunkt erreicht, bildet sich auf der Marmelade oder dem Gelee bereits nach kurzer Zeit eine Haut, die Falten wirft, wenn man sie mit der Fingerspitze zusammenschiebt.

In den meisten Fällen sollte man die fertige Marmelade 15 Minuten stehen lassen, bevor man sie in Gläser füllt. Auf diese Weise ist sichergestellt, daß die Fruchtstücke gleichmäßig verteilt sind und nicht an der Oberfläche schwimmen. Für einige der folgenden Rezepte wird Zitronenschale – von unbehandelten Früchten – benötigt. Marmelade und Gelee hält sich wenigstens ein Jahr, wenn die Gläser gut verschlossen sind.

HOLZAPFELGELEE

Holzapfelbäume sind ausgesprochen hübsch mit ihren zahllosen Blüten und leuchtendroten Früchten, und obwohl sie im Garten eher eine dekorative Funktion haben, bietet dieses Rezept eine köstliche Verwendungsmöglichkeit für ihre Früchte. Man kann das Gelee zu Wild reichen oder zum Glasieren eines Apfelkuchens nehmen.

1 Die Äpfel waschen und halbieren, Schale und Kerngehäuse jedoch nicht entfernen.

2 Die Äpfel mit den Nelken in einem großen Topf mit Wasser bedecken. Aufkochen, die Hitze reduzieren und köcheln lassen, bis die Früchte weich sind.

3 Durch einen Saftbeutel laufen lassen. In einer Schüssel Zucker bei 120 °C 15 Minuten im Backofen anwärmen. Saft abmessen und pro 600 ml Saft 450 g Zucker hinzufügen. Unter Rühren langsam erhitzen, bis sich der Zucker aufgelöst hat, dann kräftig kochen lassen, bis der Gelierpunkt erreicht ist. In vorgewärmte, sterilisierte Gläser füllen und verschließen.

Ergibt etwa 1 kg pro 600 ml Saft
1 kg Holzäpfel
3 Nelken
Einmachzucker

HAGEBUTTEN-APFEL-GELEE

Dieses Rezept ist für Fallobst-Äpfel und Hagebutten von wilden Rosenhecken. Das Gelee hat einen sehr hohen Gehalt an Vitamin C und ein kräftiges Aroma. Es schmeckt ausgezeichnet auf Brötchen.

Ergibt etwa 1 kg pro 600 ml Saft
1 kg Fallobst-Äpfel, geschält, geputzt und in Viertel geschnitten
450 g feste, reife Hagebutten
Einmachzucker

Die geviertelten Äpfel in einem großen Topf mit Wasser bedecken und zusätzlich 300 ml Wasser für die Hagebutten dazugießen. Die Äpfel zum Kochen bringen und garen, bis sie zu Mus zerfallen. In der Zwischenzeit die Hagebutten in der Küchenmaschine grob in Stücke hacken. Die Hagebutten zu den gekochten Äpfeln geben und alles 10 Minuten köcheln lassen. Dann von der Kochstelle nehmen und 10 Minuten beiseite stellen. Die Mischung in einen dicken Saftbeutel füllen und über Nacht ablaufen lassen.

Den Saft abmessen und pro 600 ml Flüssigkeit 400 g Zucker im Backofen vorwärmen. Den Saft zum Kochen bringen und den warmen Zucker unterrühren. Unter Rühren erhitzen, bis sich der Zukker aufgelöst hat. Dann kochen lassen, bis der Gelierpunkt erreicht ist. Das fertige Gelee in vorgewärmte, sterilisierte Gläser füllen und sorgfältig verschließen.

RECHTS: Die Wintersonne bringt die Farben der Fruchtgelees wundervoll zur Geltung.

RHABARBER-MINZE-GELEE

Dieses Gelee ist eine ungewöhnliche Alternative zu den Johannisbeer- oder Minzegelees, die traditionell zu Lammfleisch gereicht werden.

Ergibt etwa 1 kg pro 600 ml Saft
1 kg junger Rhabarber
Einmachzucker
Ein großes Bund frische Minze
2 EL fein gehackte frische Minze

Den Rhabarber in Stücke schneiden. In einem großen Topf knapp mit Wasser bedecken und garen, bis er weich ist. Den Saft durch einen Saftbeutel ablaufen lassen und abmessen. Pro 600 ml Saft 450 g Zucker berechnen und den Zucker im Backofen vorwärmen. Den Saft in einen großen Topf gießen und das Bund Minze sowie den warmen Zucker hinzufügen. Zum Kochen bringen und dabei rühren, bis sich der Zucker aufgelöst hat. Kochen lassen, bis der Gelierpunkt erreicht ist. Das Bund Minze herausnehmen und die gehackte Minze unterrühren. In vorgewärmte, sterilisierte Gläser füllen und verschließen.

PFLAUMENMUS

Dieses dunkle Fruchtmus mit seinem kräftigen Geschmack läßt sich ausgezeichnet zum Fünfuhrtee reichen.

Ergibt etwa 2 kg
1 kg Pflaumen
1 kg Einmachzucker

Die Pflaumen in einen großen Topf geben, 1,4 l Wasser dazugießen und das Ganze zum Kochen bringen. Die Temperatur herunterschalten und die Pflaumen köcheln lassen, bis sie weich sind. In der Zwischenzeit den Zucker im Backofen anwärmen, ihn dann unter die Pflaumen rühren und alles erneut zum Kochen bringen; die an der Oberfläche schwimmenden Pflaumensteine abschöpfen (die meisten lassen sich so entfernen). Das Mus kochen, bis der Gelierpunkt erreicht ist,

OBEN: Marmelade von getrockneten Aprikosen

10 Minuten stehen lassen, in vorgewärmte, sterilisierte Gläser füllen und verschließen.

MARMELADE VON GETROCKNETEN APRIKOSEN

Diese Marmelade läßt sich zu jeder Jahreszeit kochen und eignet sich daher besonders gut zum Auffüllen der Vorräte im späten Winter, wenn man den Sommer herbeisehnt.

Ergibt etwa 2 kg
675 g getrocknete Aprikosen
900 ml Apfelsaft aus Konzentrat
Saft und Schale von 2 unbehandelten Zitronen
675 g Einmachzucker
50 g abgezogene Mandeln, grob gehackt

Die Aprikosen über Nacht im Apfelsaft weichen lassen. Dann die Früchte mit dem Saft in einen großen Topf geben und Zitronensaft und -schale hinzufügen. Das Ganze zum Kochen bringen, die Temperatur herunterschalten und alles 15–20 Minuten köcheln lassen, bis die Aprikosen weich sind. In der Zwischenzeit den Zucker im Backofen vorwärmen, zu den Aprikosen geben, alles erneut zum Kochen bringen und dabei rühren, bis sich der Zucker vollständig aufgelöst hat. Die Marmelade kochen, bis der Gelierpunkt erreicht ist. Die gehackten Mandeln unterrühren und 15 Minuten stehen lassen. Dann in vorgewärmte, sterilisierte Gläser füllen und verschließen.

ORANGENMARMELADE

Zitrusmarmeladen gibt es seit dem 15. Jahrhundert, doch unterschieden sich die frühen Rezepte recht stark von den heutigen. Damals handelte es sich eher um Fruchtpasten und nicht wie heute um Marmeladen, die mit der Schale von Zitrusfrüchten zubereitet werden. Pomeranzen waren die einzigen Orangen, die es zu jener Zeit gab, und sie wurden in allen Rezepten verwendet, für die man Orangen benötigte. Heute stehen uns zahllose Orangensorten zur Auswahl, doch ergeben Pomeranzen noch immer die beste Marmelade.

Ergibt etwa 4 kg
1 kg Pomeranzen
1 unbehandelte Zitrone
1,75 kg Einmachzucker

Die Orangen und die Zitrone waschen und in Viertel schneiden. Das Fruchtfleisch und die Kerne entfernen und in ein Nesseltuch binden. Die Schale nach Belieben in feine oder grobe Streifen schneiden. Die Zitrusschale und das Nesselsäckchen mit 2,2 l Wasser in einen großen Topf geben. Das Ganze zum Kochen bringen und 1½–2 Stunden köcheln lassen, bis die Zitrusschale weich ist. In der Zwischenzeit den Zucker im Backofen anwärmen, mit in den Topf geben und rühren, bis er sich aufgelöst hat. Die Marmelade anschließend kochen lassen, bis der Gelierpunkt erreicht ist. 15 Minuten stehen lassen, dann in vorgewärmte, sterilisierte Gläser füllen und diese dann verschließen.

RECHTS: (im Uhrzeigersinn von oben links) Orangenmarmelade, Rhabarber-Minze-Gelee, Pflaumenmus und Marmelade von getrockneten Aprikosen

COALPORT
MADE IN ENGLAND
EST 1750
STRAWBERRY

RHABARBER-INGWER-MARMELADE

Für Pies und andere Obstkuchen eignet sich junger, dünner, rosafarbener Frühlingsrhabarber am besten. Im Sommer jedoch, wenn die Rhabarberblätter die Größe von Elefantenohren erreichen und die Stengel dick und grün sind, ist die richtige Zeit, um diese Marmelade zu kochen. Man kann sie mit Sahne als Kuchenfüllung verwenden oder unter einfachen Joghurt rühren.

Ergibt etwa 2 kg
1 kg Rhabarber
1 kg Einmachzucker
25 g getrocknete Ingwerwurzel, leicht zerdrückt
115 g kandierter Ingwer
50 g kandierte Orangenschale, gehackt

Den Rhabarber in kurze Stücke schneiden und lagenweise mit Zucker bestreut in eine Glasschüssel geben. Über Nacht stehen lassen. Die Rhabarberstücke mit dem aufgelösten Zucker in einen großen Topf geben, dazu die zerdrückte, in ein Stück Nesseltuch gebundene Ingwerwurzel. Alles 30 Minuten leise köcheln lassen, bis der Rhabarber weich ist. Dann kräftig kochen lassen, bis der Gelierpunkt erreicht ist. Das Nesselsäckchen herausnehmen. Den kandierten Ingwer und die kandierte Orangenschale unterrühren und die Marmelade 15 Minuten stehen lassen. Dann in vorgewärmte, trockene, sterilisierte Gläser füllen und verschließen.

ZITRONEN-LIMETTEN-AUFSTRICH

Dieser kräftige Aufstrich eignet sich für einen ganz besonderen Nachmittagstee oder als Füllung für eine Biskuitrolle.

Ergibt etwa 750 g
3 große unbehandelte Zitronen
3 unbehandelte Limetten
175 g Butter
450 g Zucker
4 große Eier, gut verschlagen

1 Die Zitronen und Limetten waschen und die Schale abreiben.

2 Die Früchte auspressen und den Saft durch ein Sieb gießen.

3 Die Butter im Wasserbad zerlassen. Zitrusschale, Saft, Zucker und verschlagene Eier dazugeben. Die Mischung bei niedriger Temperatur etwa 25 Minuten unter Rühren erhitzen, bis eine dickflüssige Masse entstanden ist. In warme, sterilisierte Gläser füllen und diese sofort verschließen. Innerhalb von zwei Monaten aufbrauchen.

OBEN: Zitronen-Limetten-Aufstrich

AROMATISIERTER HONIG

Der beste Honig entsteht, wenn Bienen Nektar von einer einzigen Pflanzenart sammeln, wie etwa von Klee, Limettenblüten oder wildem Thymian. Solcher Honig hat einen ausgeprägten Charakter, ist aber recht teuer. Normaler Honig wird jedoch erheblich interessanter, wenn man ihn nachträglich aromatisiert. Die Methode ist einfach, und die Ergebnisse sind köstlich.

Vanillehonig
Eine aufgeschnittene Vanilleschote in ein kleines Glas mit klarem Honig geben. Eine Woche durchziehen lassen und gelegentlich durchrühren.

Ingwerhonig
Ein Stück eingelegten Ingwer in Scheiben schneiden und in ein Glas mit klarem Honig geben. Unter gelegentlichem Durchrühren eine Woche stehen lassen. Eignet sich für heiße Zitrone mit Honig.

OBEN: Fruchtaufstriche eignen sich auch ausgezeichnet als Füllung für Obstkuchen und Biskuitrollen. Aromatisierter Honig ist zwar ungewöhnlich, aber eine besondere Köstlichkeit.

Whiskyhonig
Ein Glas festen Honig behutsam erhitzen, 45 ml/3 EL Whisky unterrühren und den Honig wieder fest werden lassen. Schmeckt lecker zu Porridge als herzhaftes schottisches Frühstück.

Kandierte Früchte

Selbst gemachte kandierte Früchte haben in Aussehen und Geschmack wenig mit gekaufter kandierter Zitrusschale gemein, und sie schmecken so köstlich, daß man sie als Süßigkeit essen kann.

KANDIERTE ZITRUS-SCHALEN

Dieses Rezept ist etwas für die zweite Winterhälfte, wenn Zitrusfrüchte neuer Ernte erhältlich sind. Die kandierte Schale hält sich das ganze Jahr hindurch und läßt sich für Apfelkuchen oder Bratäpfel verwenden, aber auch als Aromazutat für Hackfleisch oder für ein Rinderragout, dem sie ein volles, kräftiges Aroma verleiht. Sirup, der beim Kandieren übrigbleibt, kann man für Obstsalate nehmen oder über einen frisch gebackenen Biskuitkuchen träufeln. Damit das Aroma der verschiedenen Früchte – Zitronen, Limetten und Orangen – erhalten bleibt, sollten die einzelnen Sorten getrennt voneinander kandiert werden. Nach der gleichen Methode lassen sich auch Orangenscheiben kandieren.

Ergibt etwa 675 g

5 unbehandelte Orangen oder 10 unbehandelte Zitronen oder Limetten
675 g Zucker sowie Zucker zum Bestreuen

OBEN: Kandierte Zitrusschalen

1 Früchte halbieren, Saft auspressen und das Fruchtfleisch – nicht aber die Schale – wegwerfen.

2 Die Zitrusschale in Streifen von etwa 1 cm Breite schneiden. In einem Topf mit kochendem Wasser bedecken und 5 Minuten köcheln lassen. Abgießen und den Vorgang noch viermal wiederholen, um der Schale die Bitterstoffe zu entziehen.

3 Den Zucker mit 250 ml Wasser in einem schweren Topf erhitzen, bis er sich aufgelöst hat. Die Schalen hinzufügen und 30–40 Minuten mit halb aufgelegtem Deckel köcheln lassen, bis sie weich sind. Vollständig abkühlen lassen und mit Zucker bestreuen.

KANDIERTER INGWER

Da es frischen Ingwer guter Qualität mittlerweile in vielen Geschäften zu kaufen gibt, kann man ihn durchaus auch selbst kandieren. Kandierter Ingwer läßt sich für Kuchen oder Puddinge verwenden oder als Süßigkeit naschen. Hübsch verpackt eignet er sich auch gut als kleines Mitbringsel.

Ergibt etwa 675 g

350 g frische Ingwerwurzel
225 g Zucker sowie Zucker zum Überziehen

Den Ingwer in einem Topf mit Wasser bedecken und etwa 15 Minuten leise kochen lassen, bis er weich ist. Gründlich abtropfen lassen. Den abgekühlten Ingwer schälen und in 5 mm dicke Scheiben schneiden.

In einem schweren Topf den Zucker in 120 ml Wasser auflösen und, ohne zu rühren, bei niedriger Temperatur etwa 15 Minuten erhitzen, bis die Flüssigkeit zu einem Sirup eingekocht ist. Die Ingwerscheiben dazugeben und bei niedriger Temperatur weiterkochen, bis sie den Sirup aufgenommen haben. Dabei den Topf von Zeit zu Zeit kräftig schütteln, damit der Ingwer nicht ansetzt. Dann auf einem Gitterrost abkühlen lassen.

Die abgekühlten Ingwerscheiben mit Kristallzucker überziehen und 2–3 Tage auf Pergamentpapier liegen lassen, bis der Zucker kristallisiert ist. In einem luftdicht verschlossenen Glas hält sich der kandierte Ingwer praktisch unbegrenzt.

RECHTS: Ob man nun Zitrusfrüchte im ganzen, in Streifen geschnitten oder als Scheiben kandiert, sie schmecken in jedem Fall doppelt so gut als fertig gekaufte.

Eingelegte Früchte

Der Anblick von Vorratsregalen, die mit eingelegtem Obst und Gemüse gefüllt sind, bereitet großes Vergnügen. Die Gläser sehen wunderschön aus und verheißen kulinarische Köstlichkeiten.

IN SIRUP EINGEMACHTE FRÜCHTE

Zum Einmachen sollte man stets einwandfreie Früchte guter Qualität wählen. Die benötigte Sirupmenge ist abhängig von der Obstsorte und davon, ob es sich um ganze oder klein geschnittene Früchte handelt. Weiche Früchte benötigen weniger Sirup als feste, in jedem Fall soll der Sirup das Obst jedoch gerade bedecken. Nicht benötigten Sirup stellt man bis zur Verwendung in den Kühlschrank. Die Früchte werden zunächst in einem Sirup aus 225 g Zucker pro 600 ml Wasser pochiert. Ist ein dickerer Sirup erforderlich, kann die Menge an Zucker bis zu 450 g pro 600 ml Wasser erhöht werden. Nach dem Garen füllt man das Obst in heiße, sterilisierte Gläser, übergießt es mit dem kochendheißen Sirup und verschließt die Gläser unverzüglich. Eingemachte Früchte sollten an einem dunklen oder schattigen, kühlen Platz aufbewahrt werden.

OBEN: Reife Pfirsiche und Aprikosen

PFIRSICHE IN WEINBRAND

Die richtige Zeit, um diese edlen Früchte zuzubereiten, ist der Hochsommer, wenn Pfirsiche am billigsten und aromatischsten sind. Es besteht keine Notwendigkeit, einen besonders feinen Weinbrand zu verwenden; selbst eine rauhe, preiswerte Marke schmeckt in Verbindung mit den goldenen Pfirsichen und ihrem Saft himmlisch.

Ergibt 1,75 kg Pfirsiche plus Sirup
1,75 kg Zucker
2 Stangen Zimt
1 EL Nelken
1,75 kg reife, aber feste Pfirsiche, mit kochendem Wasser überbrüht und die Haut abgezogen
400 ml Weinbrand

In einem großen Topf bei schwacher Hitze den Zucker in 600 ml Wasser auflösen. Die Zimtstangen durchbrechen, mit den Nelken in ein Stück Nesseltuch binden und mit in den Topf geben. Zum Kochen bringen, partienweise die Pfirsiche hinzufügen und jeweils etwa 5 Minuten köcheln lassen, bis sie gerade weich sind. Die gegarten Pfirsiche abtropfen lassen und den Sirup zurück in den Topf gießen.

Wenn alle Pfirsiche gegart sind, den Sirup kochen, bis er leicht eingedickt ist, dann 10 Minuten abkühlen lassen. Den Weinbrand in den Sirup rühren. Die gegarten, abgetropften Pfirsiche in heiße, sterilisierte Gläser füllen, mit dem Weinbrandsirup übergießen und die Gläser sofort verschließen.

KIRSCHEN IN EAU-DE-VIE

Diese Kirschen sollte man mit Bedacht verzehren, denn sie sind ein hochprozentiger Genuß. Sie passen gut zu einer Schokoladentorte und sind eine pfiffige Garnierung für Milchreis.

Ergibt 450 g Kirschen plus Sirup
450 g reife Kirschen
8 abgezogene Mandeln
6 EL Zucker
500 ml Branntwein (eau-de-vie)

OBEN: *Birnen in Rotweinessig sind eine pikante Köstlichkeit.*

Die Kirschen waschen, entsteinen und mit den Mandeln in eine sterilisierte, weithalsige Flasche füllen. Den Zucker hinzufügen, die Kirschen mit dem Branntwein bedecken und die Flasche fest verschließen. Einen Monat durchziehen lassen und gelegentlich schütteln, damit sich der Zucker leichter auflöst.

BIRNEN IN ROTWEINESSIG

Ebenso wie sauer eingelegte Birnen passen diese Früchte gut zu kaltem Bratenfleisch oder Schinken.

Ergibt 1 kg
600 ml Rotweinessig
Schale von 1 unbehandelten Zitrone
1 Stück frische Ingwerwurzel (4 cm lang)
1 Stange Zimt
2 TL ganze Pimentkörner
1 Lorbeerblatt
450 g Zucker
1 kg harte Birnen
Nelken

Den Essig in einen Topf gießen. Die Zitronenschale, alle Gewürze – mit Ausnahme der Nelken – und das Lorbeerblatt hinzufügen. Den Zucker bei niedriger Temperatur im Essig auflösen. Die Birnen schälen und ganz belassen. Jede Birne mit einer Nelke spicken und mit in den Topf geben. Die Früchte köcheln lassen, bis sie weich und durchscheinend sind. Aus dem Topf nehmen und in heiße, sterilisierte Gläser füllen. Den Sirup kochen, bis er eingedickt ist. Die Birnen damit übergießen und die Gläser sofort verschließen.

Eingelegtes Gemüse

Heutzutage, da frisches Gemüse das ganze Jahr über erhältlich ist, hat eingelegtes Gemüse nicht mehr die Bedeutung wie in früherer Zeit, aber es ist noch immer ein willkommenes Produkt im Vorratsregal und verwandelt sich durch das Hinzufügen von Kräutern und Gewürzen in einen kulinarischen Leckerbissen.

EINGELEGTE KIRSCHTOMATEN

Mit Knoblauch und Basilikum im eigenen Saft eingelegte, kleine Kirschtomaten sind köstlich süß und passen ausgezeichnet als Beilage zu dicken Scheiben Landschinken.

Ergibt 1 kg
1 kg Kirschtomaten
1 TL Salz pro 1-Liter-Glas
1 TL Zucker pro 1-Liter-Glas
Frisches Basilikum
5 Knoblauchzehen pro Glas

OBEN: Eingelegte Kirschtomaten

1 Jede Tomate mit einem Holzspießchen einstechen.

2 Die Tomaten in saubere, trockene Gläser füllen und Salz und Zucker dazugeben.

3 Die Gläser bis 2 cm unter den Rand füllen, Basilikum und Knoblauchzehen zwischen die Tomaten stecken. Die Deckel auf die Gläser legen, aber nicht befestigen. Die Gläser auf ein mit Pappe ausgelegtes Backblech stellen und bei 120 °C in den Backofen schieben. Nach etwa 45 Minuten, wenn die Flüssigkeit köchelt, die Gläser aus dem Ofen nehmen und verschließen. An einem kühlen Platz aufbewahren.

EINGELEGTE ROTE BETEN

Wenn Sie das nächste Mal Ofenkartoffeln zubereiten, sollten Sie zum späteren Einlegen einige Rote Beten mit in den Ofen geben. Sie schmecken kräftiger und erdiger als gekochte Rote Beten. Das ungeschälte Gemüse kochen, in der Garflüssigkeit abkühlen lassen und anschließend vorsichtig die Schale abreiben. Nach Belieben läßt sich dieses Rezept auch mit vorgegarten Roten Beten aus dem Supermarkt zubereiten.

Ergibt 450 g
450 g Rote Beten, gegart
1 große Zwiebel, in Streifen geschnitten
300 ml Apfelessig
50 g Zucker
Einige Streifen frischer Meerrettich (nach Belieben)

Die Roten Beten in Scheiben schneiden und in ein Glas füllen. Die Zwiebeln schichtweise dazwischenlegen. Den Essig und 150 ml Wasser in einen Topf gießen. Den Zucker und – falls verwendet – den Meerrettich hinzufügen und alles zum Kochen bringen. Die Roten Beten mit der Flüssigkeit übergießen und das Glas verschließen. An einem kühlen Platz aufbewahren und innerhalb von einem Monat aufbrauchen; im Kühlschrank halten sie sich länger.

EINGELEGTER ROTKOHL

Dieser eingelegte Rotkohl schmeckt gut zu Brot und Käse oder zu kaltem Enten- oder Gänsefleisch.

Ergibt 1 bis 1,5 kg
675 g Rotkohl, in Streifen geschnitten
1 große Gemüsezwiebel, in Streifen geschnitten

25 g Meersalz
600 ml Rotweinessig
75 g brauner Zucker
1 EL Koriandersamen
3 Nelken
1 Stück frische Ingwerwurzel (2,5 cm lang)
1 Sternanis
2 Lorbeerblätter
4 Dessertäpfel

Den Kohl und die Zwiebeln gründlich mit dem Salz vermischen und über Nacht in einem Durchschlag abtropfen lassen. Dann abspülen und mit einem sauberen Tuch trockentupfen. Den Essig in einen Topf gießen, Zucker, Gewürze und Lorbeerblatt hinzufügen. Kurz aufkochen.

Das Kerngehäuse der Äpfel entfernen, die Äpfel grob hacken und dann schichtweise mit dem Rotkohl und den Zwiebeln in saubere, trockene Einmachgläser füllen. Den abgekühlten Essig dazugeben (wenn der Geschmack milder sein soll, die Gewürze aus dem Essig entfernen). Die Gläser verschließen und eine Woche durchziehen lassen. Das Gemüse innerhalb von zwei Monaten verbrauchen.

OBEN: Eingelegtes junges Gemüse kann so köstlich schmecken wie frisch geerntetes.

Sirup und Likör

Selbst gemachter Sirup und Likör besitzen eine Frische und ein intensives Aroma, die man bei ihren kommerziell erzeugten Gegenstücken zumeist vermißt. Sie halten sich wundervoll über die Jahre hinweg und lassen sich als Aromazutat für Eiscremes und Sorbets sowie zur Zubereitung von köstlichen Getränken verwenden.

HAGEBUTTENSIRUP

Hagebutten haben einen hohen Vitamin-C-Gehalt, und so wird aus diesem Sirup ein ideales Wintergetränk zum Schutz gegen Erkältungen. Er ist aber auch als Erfrischungsgetränk im Sommer geeignet.

Ergibt etwa 750 ml pro 600 ml Saft
Reife, aber feste Hagebutten
Zucker

Die Hagebutten gründlich waschen, dann die Stiel- und Blütenansätze entfernen. Danach in der Küchenmaschine grob hacken, in einem Topf mit Wasser bedekken und zum Kochen bringen. Die Temperatur herunterschalten und die Hagebutten etwa 10 Minuten köcheln lassen, bis sie weich sind. Den Topf von der Kochstelle nehmen und 10 Minuten stehen lassen. Den Saft über Nacht durch einen dicken Saftbeutel ablaufen lassen. Der Saft sollte klar sein. Ist dies nicht der Fall, den Saft durch mehrere Lagen Nessel gießen, um die Trübstoffe zu entfernen. Den Saft abmessen und pro 600 ml Flüssigkeit 350 g Zucker dazugeben. Zu einem dickflüssigen Sirup einkochen und anschließend in warme, trockene, sterilisierte Flaschen füllen. Die Flaschen fest mit Korken verschließen. Zum Trinken den Sirup nach Geschmack mit stillem Wasser oder mit Mineralwasser verdünnen.

HOLUNDERBLÜTENSIRUP

Der etwas unangenehme Geruch des Holunders läßt nicht auf den köstlichen Geschmack dieses Sirups schließen, der aus Holunderblüten hergestellt wird. Er ergibt ein herrlich erfrischendes Sommergetränk und ein leckeres Sorbet. Ein Löffel Sirup, unter gekochte Stachelbeeren gerührt, verleiht dem Kompott einen feinen Muskatellergeschmack.

Ergibt 2,5 Liter
1,5 kg Zucker
50 g Zitronensäure
25 Holunderblütendolden, gewaschen und behutsam trockengeschüttelt
2 unbehandelte Zitronen, in Scheiben geschnitten

Den Zucker in 1,5 l heißem Wasser auflösen und abkühlen lassen. Die Zitronensäure darunter rühren und die Holunderblüten und Zitronenscheiben hinzufügen. Das Ganze zugedeckt 2 Tage durchziehen lassen und während dieser Zeit gelegentlich durchrühren. Anschließend durch ein Sieb gießen und in saubere, trockene, sterilisierte Flaschen füllen. Die Flaschen verschließen. An einem kühlen Platz aufbewahren, damit keine Gärung einsetzt. Zum Servieren nach Geschmack mit stillem Wasser oder mit Mineralwasser verdünnen. Hält sich an einem kühlen Platz praktisch unbegrenzt.

OBEN: Hagebutten- und Holundersirup
RECHTS: Farbenfrohe, selbst gemachte Sirups

HOLUNDERBEERSIRUP

Der Holunder ist sehr großzügig mit seinen Gaben. Er ist nicht nur im Frühsommer mit zahllosen weißen Blüten übersät, sondern hängt im Herbst auch voller purpurfarbener Beeren. Die Beeren sind reif, wenn die Dolden nach unten hängen. Holunderbeersirup ist ein bewährtes altes Hausmittel gegen Husten und Erkältungen.

Ergibt etwa 750 ml pro 600 ml Sirup
Reife Holunderbeeren
Zucker
Zimtstangen

Die Beeren gründlich waschen, von den Stielen zupfen und in einen großen irdenen Topf geben. Zugedeckt bei 190 °C in den Backofen stellen, bis die Beeren Saft abgeben. Durch ein Sieb in einen Topf gießen und pro 600 ml Saft 225 g Zucker sowie eine in Stücke gebrochene Stange Zimt hinzufügen. Den Deckel auflegen und die Flüssigkeit köcheln lassen, bis sie eindickt. Den Sirup in warme, trockene, sterilisierte Flaschen füllen und die Flaschen fest verschließen. Zum Trinken nach Geschmack mit heißem Wasser verdünnen.

PFIRSICHWEIN

Bei diesem Getränk handelt sich um keinen Wein im eigentlichen Sinne, sondern um ein köstliches und erfrischendes Gemisch aus Pfirsichen, Wein und *eau de vie*. Man kann es zwar das ganze Jahr hindurch trinken, doch schmeckt es am besten im Sommer – gut gekühlt entweder pur oder mit Sodawasser verdünnt.

Ergibt 1,2 Liter
6 reife Pfirsiche
1 l trockener Weißwein
200 g Zucker
175 ml Branntwein (eau de vie)

1 Die reifen Pfirsiche vorsichtig schälen und halbieren. Dann etwa 15 Minuten im Weißwein pochieren, bis sie weich sind. Zudecken und über Nacht stehen lassen.

2 Pfirsiche herausnehmen, den Wein durch eine Filtertüte gießen. Branntwein dazu und Zucker darin auflösen.

3 Den Wein in saubere, trockene, sterilisierte Flaschen füllen und verkorken. Im Kühlschrank aufbewahren. Innerhalb von zwei Wochen trinken.

Oben: Pfirsichwein

MAULBEER-RATAFIA

Vor zehn Jahren hatte ich eine reiche Maulbeerernte, und ich verarbeitete einen Teil der Früchte zu diesem leckeren Getränk. Es sind noch immer einige Flaschen davon übrig, und der frische Maulbeergeschmack ist nach all den Jahren noch immer vorhanden.

Die Menge richtet sich nach der Menge geernteter Beeren
Maulbeeren
Zucker
Wodka, Weinbrand oder Gin

Saubere Maulbeeren in trockene, sterilisierte Gläser füllen. Bis zu einem Drittel an Höhe mit Zucker auffüllen und anschließend mit dem gewählten Schnaps bis zum Rand aufgießen. Die Gläser verschließen und schütteln, damit sich der Zucker besser auflöst. Mindestens einige Monate stehen lassen und während dieser Zeit gelegentlich schütteln.

Die Früchte durch ein Sieb abseihen (sie lassen sich für einen herrlichen Apfelkuchen verwenden), den Likör in trockene, sterilisierte Flaschen abfüllen und die Flaschen fest verschließen. Luftdicht verschlossen hält sich der Likör praktisch unbegrenzt.

SCHLEHENLIKÖR

Dies ist ein traditioneller Likör vom Lande, der an Fest- und Feiertagen getrunken wurde. Schlehen pflückt man nach dem ersten Frost, und der Likör ist dann rechtzeitig zu Weihnachten fertig.

Die Menge richtet sich nach der Menge geernteter Beeren
Schlehen
Zucker
Gin

Die Schlehen waschen und alle Stiele, Stengel und Blättchen entfernen. Jede Schlehe mit einem Holzspießchen oder einer Nadel einstechen und die Beeren in ein Glas oder eine weithalsige Flasche füllen. Zur Hälfte mit Zucker auffüllen und dann bis zum Rand mit Gin aufgießen. Das Gefäß verschließen und von Zeit zu Zeit schütteln, damit sich der Zucker leichter auflöst. Vor dem Trinken die Schlehen abseihen und den Likör in eine hübsche, saubere und trockene Flasche umfüllen.

Rechts: Köstliche und farbenfrohe Liköre

Teemischungen

Bevor es Tee überall zu kaufen gab, bereiteten Landbewohner heiße Getränke aus Kräutern zu, die wild in ihrem Garten wuchsen. Diese Kräutertees erwiesen sich als gut für die Gesundheit und schmeckten außerdem köstlich. Als dann Tee aus China importiert wurde, folgte man dem Beispiel der Chinesen und fügte Blüten und andere Aromazutaten hinzu, um den Geschmack der Tees zu unterstreichen.

ROSENBLÜTENTEE

Dieses köstliche Sommergetränk sieht besonders hübsch aus, wenn man es, ohne abzuseihen, in die Gläser gießt und die Tee- und Blütenblätter sich dann am Boden absetzen.

Ergibt 130 g
15 duftende Rosenblütenblätter
115 g Oolong-Tee

Die Rosenblätter mit dem Tee mischen und in einem luftdicht verschlossenen Behälter aufbewahren.

OBEN: Rosenblütentee

OBEN: Ringelblumen-Verbene-Tee

RINGELBLUMEN-VERBENE-TEE

Dieser attraktive Tee aus goldgelben und grünen Blüten- und Pflanzenblättern wirkt blutreinigend und verdauungsfördernd. Was spricht also gegen ein Täßchen nach einem schweren Essen? Die Verbene verleiht dem Tee ein intensives Zitronenaroma, die Ringelblumen geben ihm eine pfefferige Note.

Ergibt 75 g
50 g getrocknete Blütenblätter von Ringelblumen
25 g getrocknete Verbeneblätter

Die Blüten- und Pflanzenblätter vermischen und in einem luftdicht verschlossenen Behälter aufbewahren. Zur Zubereitung 1 EL Tee in einen Becher geben, mit heißem Wasser übergießen und zugedeckt etwa 5 Minuten ziehen lassen.

ORANGEN-ZITRONEN-TEE

Zitrusfrüchte verleihen schwarzem Tee eine frische Säure, und diese Mischung mit getrockneter Orangen- und Zitronenschale schmeckt im Sommer köstlich zum Nachmittagstee. Wünscht man ein noch markanteres Aroma, empfiehlt es sich, einige Tropfen Orangen- oder auch Zitronenöl unter den Tee zu mischen.

Ergibt 130 g
1 unbehandelte Zitrone
1 unbehandelte Orange
115 g Ceylon-Tee

Die Orange und die Zitrone schälen. Die Schale in feine Streifen schneiden und an einem warmen Platz langsam trocknen lassen. Die getrockneten Schalen mit dem Tee vermischen und in einem luftdicht verschlossenen Behälter aufbewahren.

KAMILLEN-PFEFFERMINZ-TEE

Dieser Tee eignet sich ideal als Schlaftrunk, denn Kamille wirkt beruhigend, während Pfefferminze eine verdauungsfördernde Wirkung hat.

Ergibt 100 g
75 g Kamillenblüten
25 g getrocknete Pfefferminzblätter

OBEN: Diese Teemischungen schmecken ausgezeichnet und lassen sich einfach aus selbst gezogenen Kräutern und Blumen herstellen.

Das Mischen, Aufbewahren und Aufbrühen erfolgt wie beim Ringelblumen-Verbene-Tee (links). Kräutertees sollte man stets mit heißem, nicht kochendem Wasser übergießen und zugedeckt ziehen lassen.

Gebäck und Brot

Für die meisten Landbewohner ist der Nachmittagstee mehr als eine schnelle Tasse Tee und ein kurzes Schwätzchen, sondern vielmehr ein wahres Fest mit Platten voller Teebrote und köstlichen Kuchen, um den Hunger zu stillen, der durch die körperliche Arbeit in frischer Luft entsteht.

APFELKUCHEN

Dieser leckere Vollwertkuchen ist genau das Richtige für Kinder, die am Nachmittag ausgehungert vom Spielen nach Hause kommen.

Ergibt 12 große Stücke
115 g Butter
115 g brauner Zucker
2 Eier, verschlagen
150 g Weizenvollkornmehl
1 TL Backpulver
Apfelsaft
2 große Dessertäpfel, Kerngehäuse entfernt
1 EL Demerara-Zucker
1 TL gemahlener Zimt

Den Backofen auf 190 °C vorheizen. Die Butter mit dem Zucker verschlagen, bis sie weich und cremig ist. Dann nach und nach die verschlagenen Eier unterrühren. Das Mehl und das Backpulver gut vermischen und abwechselnd mit dem Apfelsaft hinzufügen, bis ein dickflüssiger Teig entstanden ist. Den Teig auf einem eingefetteten Backblech glatt streichen. Dann die Äpfel in schmale Schnitze schneiden und in Reihen auf den Teig legen. Großzügig mit Zucker und Zimt bestreuen. Den Kuchen in den Ofen schieben und 30 Minuten backen. Abkühlen lassen und anschließend in Stücke schneiden.

OBEN: Zucchini-Teebrot

ZUCCHINI-TEEBROT

Der große Vorteil – und Nachteil – von Zucchinipflanzen im eigenen Garten ist die überreiche Ernte. Zu guter Letzt stöhnen selbst begeisterte Zucchinifreunde, wenn schon wieder ein Gericht mit Zucchini auf den Tisch kommt. Dieses Teebrot jedoch ist eine geschickte und köstliche Art, Zucchini unbemerkt zu verbrauchen, und so schmackhaft, daß selbst Kinder davon begeistert sein werden, die einen Horror vor Gemüse haben. Das Zucchini-Teebrot hält sich auch ausnehmend gut.

Ergibt 2 Kuchen von 450 g
2 Eier
225 g Zucker
250 ml Erdnußöl oder Maisöl
450 g Zucchini, geraspelt
350 g Mehl
1 TL Salz
1/4 TL Backpulver
1 TL Natron (Natriumbikarbonat)
1 TL gemahlener Zimt
Gehackte Walnüsse

Den Backofen auf 180 °C vorheizen. Die Eier zu einer leichten, luftigen Masse schlagen. Zucker, Öl und geraspelte Zucchini dazugeben und alles zu einem Teig verrühren. Die trockenen Zutaten durchsieben und gründlich unter den Teig arbeiten. Die gehackten Walnüsse hinzufügen. Den Teig in zwei eingefettete und mit Mehl ausgestäubte Kastenformen von 450 g Fassungsvermögen füllen und 1 Stunde backen, bis das Teebrot schön aufgegangen und gebräunt ist. In Scheiben schneiden und Butter oder auch Käse dazu reichen.

FRÜCHTEKUCHEN

Bei diesem Kuchen werden die Trockenfrüchte vor dem Backen in einer Mischung aus Butter, Zucker und schwarzem Tee gekocht. Die Zubereitung ist überaus einfach.

Ergibt 1 Kuchen von 450 g
350 g gemischte getrocknete Früchte
115 g Butter
115 g brauner Zucker
150 ml starker schwarzer Tee
1 Ei, verschlagen
225 g Mehl, mit etwas Backpulver vermischt

Den Backofen auf 180 °C vorheizen. Getrocknete Früchte, Butter, Zucker und Tee in einen Topf geben, zum Kochen bringen und 20 Minuten köcheln lassen. Von der Kochstelle nehmen und zum Abkühlen beiseite stellen. Dann das verschlagene Ei und das Mehl unterrühren. Den Teig in eine eingefettete Kastenform von 450 g Fassungsvermögen füllen und 1 1/2 Stunden backen.

RECHTS: (im Uhrzeigersinn von links oben) Zucchini-Teebrot, Früchtekuchen, Apfelkuchen, Yorkshire-Gewürzkuchen und Brotauflauf

BROTAUFLAUF

Mit diesem traditionellen Rezept läßt sich altbackenes Brot in eine schmackhafte, sättigende Zwischenmahlzeit verwandeln.

Für 6 bis 8 Personen
225 g altbackenes Brot
300 ml Milch
115 g gemischte getrocknete Früchte
50 g Butter, zerlassen
100 g Zucker
1 EL Lebkuchengewürz
1 Ei, mit 4 EL Milch verschlagen
Eine Messerspitze frisch geriebene Muskatnuß

Den Backofen auf 180 °C vorheizen. Das Brot in Stücke brechen und in eine Rührschüssel geben. Die Milch darüber gießen und zum Weichen stehen lassen. Wenn das Brot weich ist, die getrockneten Früchte, die zerlassene Butter, den Zucker und das Lebkuchengewürz hinzufügen und alles gründlich vermischen. Das mit Milch verschlagene Ei unterrühren. Das Ganze in eine eingefettete ofenfeste Form füllen und mit Muskat würzen. Etwa 45 Minuten backen.

MALZBROT

Noch ein Teegebäck, das Kinder besonders gerne mögen. Das wunderbar üppige Malzbrot ist genau das Richtige, wenn sie Schulkameraden mit nach Hause bringen.

Ergibt 2 Brote von 450 g
450 g Weizenvollkornmehl
1/2 TL Salz
25 g gemischte Gewürze guter Qualität (siehe Seite 46)
50 g Muscovado-Zucker
25 g Hefe
15 ml/1 EL Malzextrakt
25 g Sojamehl
15 ml/1 EL Sonnenblumenöl
115 g Rosinen
1 Ei, mit etwas Salz leicht verschlagen
Glasur
15 ml Malzextrakt
15 ml/1 EL Apfelsaftkonzentrat

Mehl, Salz, Gewürze und Zucker in einer Schüssel vermischen. In einer zweiten Schüssel die Hefe mit Malzextrakt, Sojamehl und 300 ml warmem Wasser anrühren und zum Gehen für 5 Minuten an einen warmen Platz stellen, bis sich an der Oberfläche Blasen gebildet haben. Die aufgegangene Hefe und das Öl zu den trockenen Zutaten geben. Alles gründlich mit einem Holzlöffel vermengen und den Teig anschließend 5–7 Minuten durchkneten. Dann die Rosinen unterkneten und den Teig in eine saubere Schüssel legen. Mit einem feuchten Tuch abdekken und 30 Minuten gehen lassen. Den Teig anschließend noch einmal durchkneten, halbieren und in zwei eingefettete Kastenformen von 450 g Inhalt legen. Erneut 30 Minuten gehen lassen. Den Backofen auf 200 °C vorheizen. Die Brote mit dem verschlagenen Ei bestreichen und 30–35 Minuten backen. Die heißen Brote nach dem Backen sofort mit der Malzextrakt-Apfelsaft-Mischung bestreichen.

WEIZENVOLLKORNBROT

Brotbacken hat eine herrlich therapeutische Wirkung: Das Kneten und das verführerische Aroma sind überaus entspannend.

Ergibt 2 Brote von 450 g
1 1/2 TL Trockenhefe
1/2 TL Zucker
450 g Weizenvollkornmehl
1 TL Malzextrakt oder Melassesirup
1 TL Salz
1 EL Öl
Sonnenblumenkerne oder Haferflocken zum Bestreuen

Die Hefe mit dem Zucker sowie 150 ml warmem Wasser verrühren und etwa 10 Minuten gehen lassen. Das Mehl in eine angewärmte Schüssel geben und in die Mitte eine Mulde drücken. Malzextrakt oder Melassesirup und das Salz mit 150 ml warmem Wasser verrühren und in die Mulde gießen. Die aufgegangene Hefe hinzufügen und alles gründlich mit der Hand vermengen. Den Teig anschließend auf der bemehlten Arbeitsfläche etwa 3 Minuten kneten, bis er geschmeidig wird. Den Teig halbieren und in zwei eingefettete Kastenformen legen. Zugedeckt an einen warmen Platz stellen, bis der Teig gut aufgegangen ist.

Den Backofen auf 200 °C vorheizen. Die Brote mit Sonnenblumenkernen oder Haferflocken bestreuen und auf einer der oberen Schienen in den Backofen stellen. Nach 10 Minuten die Backofentemperatur auf 180 °C herunterschalten und die

LINKS: Weizenvollkornbrot

Brote noch 30–40 Minuten backen. Dann aus dem Ofen nehmen, eines der Brote aus der Form stürzen und auf die Unterseite klopfen: Klingt es hohl, ist das Brot durchgebacken.

HEFEZOPF MIT KRÄUTERN

Brote mit Aromazutaten passen ausgezeichnet zu Suppen und Salaten. Sie schmecken am besten, wenn man sie mit frischen Kräutern zubereitet und im Sonnenschein in der frischen Luft des Gartens verspeist.

Ergibt 1 Zopf von 450 g
1 TL Trockenhefe
450 g Mehl
1 TL Salz
150 ml warme Milch
2 EL Olivenöl oder Knoblauchöl
1 EL fein gehackte frische Kräuter eigener Wahl
Verschlagenes Ei zum Bestreichen

Die Hefe in 150 ml warmes Wasser streuen und 10 Minuten zum Gehen stehen lassen. Dann Mehl und Salz in einer angewärmten Rührschüssel vermischen. In die Mitte eine Mulde drücken und die aufgegangene Hefe, die Milch, das Öl und die Kräuter hinzufügen. Von Hand zu einem weichen Teig verarbeiten. Den Teig auf der gut bemehlten Arbeitsfläche etwa 10 Minuten kneten, bis er geschmeidig wird. Den Hefeteig zurück in die Rührschüssel geben und zugedeckt etwa 1 Stunde gehen lassen, bis er sein Volumen verdoppelt hat.

Den aufgegangenen Hefeteig kurz durchkneten und in drei Portionen teilen. Die Stücke zu langen Strängen rollen und zu einem Zopf flechten. Den Hefezopf behutsam auf ein eingefettetes Backblech heben, mit verschlagenem Ei bestreichen und mit zusätzlichen Kräutern bestreuen. Zugedeckt 30 Minuten gehen lassen. Den Backofen auf 220 °C vorheizen, und den Zopf 35–40 Minuten backen.

RECHTS: Ein Hefezopf mit Kräutern, kleine Weizenvollkornbrote und Malzbrot

Süßigkeiten und Konfekt

Die meisten Kinder wissen nicht, daß man Karamelbonbons und andere Süßigkeiten auch selbst herstellen kann. Und man wird Sie deshalb fast wie eine Zauberin bewundern und verehren, wenn Sie einige dieser Köstlichkeiten aus Ihrem Vorratsschrank holen.

KOKOSKONFEKT

Eine Kokosnuß war früher auf dem Lande eine seltene und wertvolle Köstlichkeit. Die einzige Chance, zu einer Kokosnuß zu kommen, bestand oftmals darin, sie auf dem Jahrmarkt zu gewinnen. Der Gewinner trug seine Trophäe stolz nach Hause, wo sie zu leckerem Kokoskonfekt verarbeitet wurde, das man in kleine Quadrate schnitt und mit den Schulfreunden teilte. Besonders hübsch sieht es aus, wenn die Quadrate einzeln in Cellophan gewickelt werden.

Ergibt 16 Quadrate von 5 cm Größe
1 Kokosnuß
450 g Zucker
Kokosmilch von der Kokosnuß (etwa 120 ml)
25 g Butter
Rote Lebensmittelfarbe

OBEN: Kokoskonfekt

1 Die Kokosnuß öffnen, die Kokosmilch auffangen und das Fruchtfleisch raspeln. Zucker, Kokosmilch und Butter in einen Topf geben und langsam zum Kochen bringen.

2 Nach und nach die Kokosraspel unterrühren und alles 10 Minuten kochen lassen. Dabei unbedingt ständig rühren.

3 Die Mischung auf zwei Schüsseln verteilen und eine Portion rosa einfärben. Die helle Kokosmasse in einer eingefetteten quadratischen Backform von 20 cm Seitenlänge gleichmäßig flach drücken, mit der rosaroten Kokosmasse abdecken. Fest werden lassen und in Quadrate schneiden.

SCHOKOLADENKARAMEL MIT WALNÜSSEN

Kinder lieben es, bei der Herstellung von Karamel zu helfen, und wenn sie erst einmal die Schüssel und den Löffel abgeschleckt haben, können sie vielleicht sogar noch geduldig warten, bis der Rest richtig abgekühlt ist.

Ergibt 16 Quadrate von 5 cm Größe
450 g Zucker
90 ml/6 EL Kaffeesahne
25 g weiche Butter
175 g Halbbitterschokolade, gerieben
Walnußhälften

In einem Topf den Zucker und die Sahne zu einer dicken Paste verrühren. Dann die Butter und die Schokolade hinzufügen und alles gut vermengen. Bei niedriger Temperatur unter Rühren erhitzen, bis alle Zutaten geschmolzen und gründlich vermischt sind. Dann die Temperatur heraufschalten und die Masse unter ständigem Rühren 5 Minuten kochen lassen.

Den Topf von der Kochstelle nehmen und die Masse durchschlagen, bis sie dick ist. Eine quadratische Form von 20 cm Seitenlänge mit Butter einfetten und die Karamelmasse hineingießen. Bevor sie vollständig abgekühlt ist, in Quadrate schneiden und jedes Stück mit einer Walnußhälfte verzieren.

SELBST GEMACHTE TRÜFFELN

Das Herstellen aller Arten von Trüffelpralinen ist viel einfacher, als man denkt, und meist hat die ganze Familie bei der Zubereitung großen Spaß. Trüffeln sind jedoch recht gehaltvoll und daher etwas für besondere Gelegenheiten. Sie lassen sich auch gut einfrieren.

Ergibt 20 Stück
225 g Halbbitterschokolade
75 g Butter
1 Eigelb
Kakaopulver zum Überziehen

OBEN: Selbst gemachte Süßigkeiten mögen in unserer gesundheitsbewußten Zeit ein zügelloser Genuß sein, aber jeder verdient von Zeit zu Zeit eine kleine Belohnung.

Die Schokolade in Stücke brechen und mit der Butter im Wasserbad schmelzen; dabei rühren, damit die Zutaten gründlich vermischt sind. Den Topf von der Kochstelle nehmen und das Eigelb unterrühren. Die Masse in den Kühlschrank stellen, bis sie zum Formen ausreichend fest ist. Aus der Masse kleine Kugeln formen und diese in Kakao wälzen. Die Trüffeln in Pralinenkapseln aus Papier legen. Im Kühlschrank aufbewahren und innerhalb von einer Woche verzehren.

DAS BADEZIMMER

Eine Auswahl altbewährter Cremes, Lotionen
und anderer natürlicher Schönheitsprodukte zur Hautpflege
und als Badezusatz

Kosmetika herstellen

Kosmetika sind ein weiterer Bereich unseres modernen Lebens, den wir in die Hand von »Experten« gelegt haben. Auch wenn viele der heutigen Produkte eine angenehmere Beschaffenheit und einen besseren Geruch besitzen als Cremes und Lotionen aus früherer Zeit, werden sie doch fast alle aus den gleichen, leicht erhältlichen Grundstoffen hergestellt, und wir zahlen in der Regel mehr für die verführerische Verpackung als für den Inhalt. Es kann daher recht lohnend sein, selbst gerührte Cremes und Lotionen zu benutzen.

Zu den einfachsten Verfahren in diesem Kapitel gehört das Mischen ähnlicher Substanzen, wie etwa das Verdünnen eines Kräuteraufgusses mit Rosenwasser oder das Versetzen eines Trägeröles mit ätherischen Ölen.

Auswahl und Verwendung unbedenklicher Substanzen

Ich habe mich bemüht, hier möglichst solche Substanzen zu verwenden, die problemlos erhältlich sind. Zwangsläufig sind einige schwerer zu finden als andere, doch können Apotheken und Kräuterläden das Gewünschte meist bestellen. Ätherische Öle sollte man ausschließlich bei renommierten Firmen kaufen, da die Qualität von Ölen stark variieren kann. Obwohl bei der Auswahl der in diesem Kapitel verwendeten Substanzen großer Wert auf Hautverträglichkeit gelegt wurde, empfiehlt es sich, vor der Verwendung einer Creme oder Lotion einen Allergietest durchzuführen.

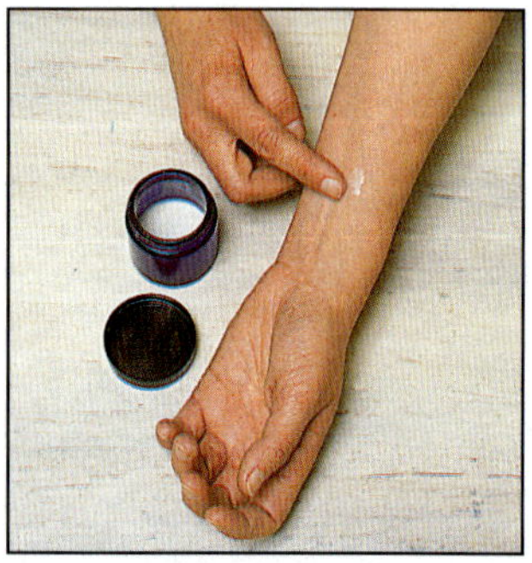

LINKS: Um selbst gemachte Kosmetika gegen Allergien zu testen, trägt man eine kleine Menge der Kosmetika auf die Innenarmfläche auf und beobachtet im Verlauf der folgenden 24 Stunden, ob es zu einer unerwünschten Reaktion, wie einer Rötung der Haut, kommt.

WARNUNG: Bestimmte ätherische Öle sollten nicht von Schwangeren oder bei bestehenden gesundheitlichen Problemen benutzt werden. Im Zweifelsfall den Arzt befragen. Beim Hantieren mit den konzentrierten Ölen und Gewürzmischungen am besten Gummihandschuhe tragen, um Hautreizungen zu vermeiden.

EINEN KRÄUTERAUFGUSS HERSTELLEN

Kräuteraufgüsse lassen sich recht einfach herstellen und schmecken köstlich als heißes oder kaltes Getränk. Zum Aufbewahren stets an einen kühlen Platz oder in den Kühlschrank stellen. Aufgüsse von Blüten können auch mit Rosenwasser oder Hamamelis zu einem beruhigenden oder belebenden Gesichtswasser vermischt werden (siehe Seite 92).

25 g getrocknete oder 50 g frische Kräuter oder Blüten

1 Die Kräuter oder Blüten in einen Krug geben. Nach Belieben können auch Kräuter- oder Blütenmischungen verwendet werden, doch muß die Gesamtmenge im Verhältnis zur Wassermenge gleich bleiben.

2 Die Kräuter oder Blüten mit 475 ml kochendem Wasser übergießen. Mit einem Deckel oder einem sterilen Mulltuch abdecken und bei Raumtemperatur abkühlen lassen.

3 Die Flüssigkeit durch das Mulltuch in eine sterilisierte Flasche gießen. Die Flasche verschließen und zum Aufbewahren in den Kühlschrank stellen. Innerhalb von 2–3 Tagen aufbrauchen.

OBEN: *Wachse wie weißes und gelbes Bienenwachs und Karnaubawachs sind wichtige Bestandteile zahlreicher Kosmetika.*

LINKS: *Kosmetika in farbigen Glasgefäßen aufbewahren, damit sie lichtgeschützt sind.*

Cremes und Lotionen herstellen

Diese sind etwas schwieriger herzustellen als ein Kräuteraufguß, denn es handelt sich dabei um Emulsionen – Mischungen aus Öl und Wasser, die man mit einem Schneebesen anrührt.

Die Herstellung eigener Cremes und Lotionen ist einfacher, wenn man eine Waage, einen Meßbecher und Meßlöffel benutzt, mit denen sich kleine Mengen exakt abmessen lassen. Die entsprechenden Utensilien sollten ausschließlich zur Kosmetikherstellung und nicht zum Kochen benutzt werden, damit Öl- und Wachsreste nicht den Geschmack von Speisen beeinträchtigen. Zum Schmelzen von Wachsen ist ein Wasserbad unerläßlich, da sie bei direkter Hitzeeinwirkung verbrennen.

Die fertigen Öle, Cremes und Lotionen bewahrt man in Glas- oder Porzellangefäßen auf. Kunststoffgefäße sind weniger gut geeignet, da das Material von den ätherischen Ölen angegriffen werden kann. Ideal ist es, wenn die Gefäße aus gefärbtem Glas sind und nicht in der Sonne stehen.

Kräuter und Blüten für Gesundheit und Schönheit

Es empfiehlt sich, stets biologisch angebaute Kräuter und Blumen zu verwenden. Viele Kräuter und Blumen sind unbedenklich in der Anwendung und verursachen im allgemeinen keine allergischen Reaktionen, doch sollte man im Zweifelsfall einen Allergietest durchführen (siehe Seite 76). Während der Einnahme von homöopathischen Mitteln sollte man auf jegliche Bestandteile von Minzepflanzen verzichten, da die Wirkung der Mittel sonst beeinträchtigt werden kann.

Kräuter aus dem eigenen Garten schneidet man vor der Blüte morgens bei trockener Witterung. Werden die Kräuter zur späteren Verwendung getrocknet, wickelt man sie in Pack- oder Zeitungspapier und hängt sie kopfüber auf. Nach dem vollständigen Trocknen müssen sie von den Stielen gezupft und in dunklen Glasgefäßen an einem kühlen Platz aufbewahrt werden.

Orangenblütenwasser und Rosenwasser

Orangenblütenwasser und Rosenwasser sind Bestandteil vieler Lotionen und Cremes. Im Vorderen Orient glaubt man, daß sie der Gesundheit und Schönheit dienen, und nimmt sie stark verdünnt als Getränk zu sich. Sie sind ein Nebenprodukt der Parfümindustrie und entstehen durch Destillation. Die Qualität variiert sehr stark, doch ist der Preis ein grober Anhaltspunkt; das beste Rosenwasser ist »dreifach destilliert«. Vorsicht bei besonders ausgefallenen Flaschen, sie sollen oft nur über einen minderwertigen Inhalt hinwegtäuschen.

Oben: Lavendel sollte man vormittags an einem trockenen und sonnigen Tag schneiden. Auf diese Weise bleiben die Aromastoffe am besten erhalten (was für alle Kräuter gilt). Anschließend kann der Lavendel zu Sträußen gebunden und zum Trocknen an einen kühlen, luftigen Ort gehängt werden.

Links: Alle frischen Kräuter, speziell jedoch solche aus biologischem Anbau, sind wundervolle, wohlriechende Ingredienzien für die verschiedensten natürlichen Schönheitsprodukte. Auch zum Parfümieren des Badewassers sind sie gut geeignet.

Rechts: Zu Sträußen gebundene Kräuter, wie Thymian, Majoran und Oregano, sollte man in Papier einschlagen, damit sie vor Staub geschützt sind und ihre Farbe während des Trocknens bewahren.

Ätherische Öle

Für die Schönheitsprodukte in diesem Buch wurden ätherische Öle der hier beschriebenen Früchte, Kräuter und Blüten verwendet. Wichtig ist, die Öle doppelt so stark zu verdünnen, wenn sie für Kinder oder Babys benutzt werden sollen.

KRÄUTERÖLE

Lavendel: Dieses therapeutische Öl kann unverdünnt zur Behandlung kleiner Schnitt- und Brandwunden auf die Haut aufgetragen werden. Als Bestandteil von Ölen und Lotionen hilft es gegen Kopfschmerzen und wirkt beruhigend und entspannend.

Teebaum: Das Öl stammt von einem australischen Strauch, der seit langem von den Aborigines als Heilkraut geschätzt und verwendet wird. Es wirkt antiseptisch und hilft gut bei Hautproblemen.

Pfefferminz: Dieses Öl mit seinem kräftigen Aroma sollte nur sparsam verwendet werden. Pfefferminztee ist das beste Hausmittel gegen Verdauungsprobleme.

Patschuli: Das Öl dieser Pflanze hat eine belebende Wirkung und eignet sich ausgezeichnet für reife Haut und bei Hautproblemen.

Rosmarin: Das stimulierende und stärkende Rosmarinöl ist eines der besten Mittel gegen Kopfhautprobleme, sollte aber während einer Schwangerschaft nicht verwendet werden.

Kamille: Als mildes Heilöl, das beruhigt und entspannt, ist Kamille ein gutes Hautpflegemittel, wird aber auch zur Gesunderhaltung der Haare und der Kopfhaut eingesetzt.

FRUCHTÖLE

Zitrone: Zitronenöl wirkt sowohl antibakteriell als auch adstringierend und kann Mitteln gegen fettige Haut zugefügt werden. Da es jedoch gelegentlich zu Hautreizungen führt, sollte man es nur in einprozentiger Verdünnung verwenden. Nicht auf die Haut auftragen, wenn man anschließend in die Sonne geht, da es Hautverfärbungen verursachen kann.

Orange: Ebenso wie die Früchte strahlt dieses goldfarbene Öl ein wundervolles Gefühl von Wohlbehagen und Entspannung aus. In Hautpflegeprodukten wirkt es belebend und stärkend für alle Hauttypen. Wie Zitronenöl sollte man es jedoch nicht benutzen, bevor man in die Sonne geht.

BLÜTENÖLE

Die feinsten Blütenöle sind Rosen-, Jasmin- und Neroliöl. Da sie alle recht teuer sind, wählt man am besten nur seine Lieblingssorte und verwendet sie sparsam – nur wenige Tropfen sind erforderlich.

Rose: Gutes Rosenöl kann man in kleinen Mengen kaufen, und wegen seines unvergleichlichen Duftes ist es durchaus sein Geld wert. Aufgrund seiner beruhigenden Wirkung eignet es sich besonders gut für Cremes und Lotionen. Duftende Rosenblütenblätter können dem Badewasser zugesetzt werden oder Badesalzen und Hauttonika Farbe und Duft verleihen.

Jasmin: Dieses sinnliche und wohlriechende ätherische Öl ist ausgezeichnet für reifere Haut. Wie Rosenblüten eignen sich auch Jasminblüten zum Parfümieren von Badewasser.

Neroli: Das aus Orangenblüten hergestellte Öl hat einen zarten Duft und wird sehr häufig bei der Parfümherstellung verwendet. Es verströmt ein herrliches Gefühl von Wohlbehagen und Entspannung.

Ringelblume: Obwohl nicht in Form von ätherischem Öl, verwendet man diese hübsche Gartenblume für Heilsalben gegen Schnitt- und Schürfwunden (siehe Seite 110).

HOLZÖLE

Wie bereits der Name vermuten läßt, werden diese Öle aus wohlriechenden Hölzern hergestellt und besitzen eine angenehme harzige Qualität. Ihr Duft ist nicht unbedingt feminin, und so eignen sie sich auch für Öle und Lotionen für Herren.

Sandelholz: Sandelholzöl wird für Hautpflegemittel verwendet, da es die Produktion der natürlichen Hautfette anregt. Es ist auch nützlich bei Akne und anderen Hautproblemen.

Zedernholz: Dieses antiseptisch und leicht adstringierend wirkende Öl unterstützt die Behandlung von Hautproblemen. Während der Schwangerschaft sollte es jedoch nicht verwendet werden.

Weihrauch: Weihrauchöl wird aus dem Harz eines strauchähnlichen Baumes hergestellt und eignet sind ausgezeichnet für Cremes und Lotionen für reife Haut und zur Behandlung von Hautbeschwerden.

IM UHRZEIGERSINN VON LINKS OBEN: Lavendel, Rosmarin, Kamille, Ringelblumen, Jasmin, Rosen, Orangen und Zitronen. Ätherische Öle werden seit alters her nach einer von drei Methoden aus Kräutern, Früchten und Blumen gewonnen: Destillation, Extraktion oder Pressen. Auch wenn sich der Umfang der Produktion und die Gerätschaften über die Jahre verändert haben, sind die Grundverfahren gleich geblieben.

Massageöle und -lotionen

Früher hätten sich Landbewohner gesträubt, Massageöle und -lotionen zu benutzen, weil sie derlei Dinge für allzu luxuriös und für pure Zeitverschwendung hielten. Dennoch fand sich mit ziemlicher Sicherheit in jedem Medizinschränkchen eine Reihe von Einreibemitteln gegen Muskelschmerzen. Ihre Bezeichnungen mögen sich geändert haben, doch ihr Zweck ist der gleiche geblieben, und wenn wir dem Ganzen heute auch noch Vergnügen abgewinnen können, ist dies nichts Schlechtes. Was könnte wohltuender sein als ein entspannendes Bad oder eine Massage?

OBEN: Die Heilkraft von Ringelblumen ist seit Jahrhunderten bekannt. Die getrockneten Blütenblätter können Cremes und Lotionen zugefügt werden.

DAS MISCHEN ÄTHERISCHER ÖLE

Die Gefäße zum Mischen ätherischer Öle müssen absolut sauber und trocken sein.

1 Das Basisöl in ein völlig sauberes und trockenes Gefäß gießen.

2 Tropfenweise ätherisches Öl hinzufügen und gründlich unterrühren.

MASSAGEÖL

Massageöle sind eine Mischung aus einem Basisöl und wohlriechenden ätherischen Ölen. Mit Ausnahme von Lavendelöl und Teebaumöl sollten ätherische Öle niemals unverdünnt auf die Haut aufgetragen werden. Für ein Massageöl für Babys und Kleinkinder halbiert man die im Rezept angegebene Menge an ätherischem Öl. Es gibt eine Reihe von Basisölen; wer Bedenken bezüglich ihrer Hautverträglichkeit hat, sollte einen Allergietest durchführen (siehe Seite 76). Die in der Aromatherapie eingesetzten Pflanzen- und Nußöle sind stets kaltgepreßt, so daß man sie keinesfalls durch Kochöle ersetzen darf, denen oft chemische Stabilisatoren zugesetzt sind. Dieses Rezept enthält 10 Prozent Weizenkeimöl, das die Haltbarkeit des Massageöls verbessert und das wegen seines hohen Vitamin-E-Gehalts besonders gut für die Haut ist.

Ergibt 50 ml/3½ EL
45 ml/3 EL Mandelöl
5 ml/1 TL Weizenkeimöl
10 Tropfen Kamillenöl (wirkt entspannend)
oder
10 Tropfen Geraniumöl (wirkt belebend)

Das Mandelöl und das Weizenkeimöl in eine Glasflasche füllen, das gewählte ätherische Öl hinzufügen und die Flasche schütteln. An einem kühlen, dunklen Platz aufbewahren.

TEEBAUM-MASSAGE-LOTION

Teebaumöl besitzt eine besonders gute Heilwirkung und antiseptische Eigenschaften. Mit seinem frischen, harzigen Geruch eignet es sich ideal für eine Massagelotion, die sowohl von Männern wie auch von Frauen benutzt werden kann.

Ergibt 150 ml
½ TL Borax
7,5 ml/½ EL gebleichtes Bienenwachs
45 ml/3 EL Kokosöl
30 ml/2 EL Mandelöl
15 ml/1 EL Weizenkeimöl
20 Tropfen Teebaumöl

Den Borax in 60 ml/4 EL kochendem Wasser auflösen. Das Bienenwachs mit dem Kokosöl, dem Mandelöl und dem Weizenkeimöl bei niedriger Temperatur im Wasserbad schmelzen. Sobald das Wachs flüssig geworden ist, den Topf von der Kochstelle nehmen und langsam die Boraxlösung mit dem Schneebesen unterrühren. Die Flüssigkeit beginnt dabei zu emulgieren (wird milchig und dickt ein). Das Ganze mit dem Schneebesen durchschlagen, bis die Lotion abgekühlt ist. Dann das Teebaumöl hinzufügen. Die Lotion in eine Flasche aus eingefärbtem Glas füllen. An einem kühlen Platz aufbewahren und nicht direkt in die Sonne stellen.

OBEN: Schlichte Glasflaschen sind ideale Behälter für Massagelotionen und -öle. Flaschen mit eingeschliffenen Glasstopfen wurden früher in Apotheken benutzt; ähnliche Flaschen gibt es auch heute vielerorts zu kaufen.

LAVENDEL-KÖRPERLOTION

Diese cremige Lotion ist bei trockener Haut im Winter ideal, lindert aber – dank des Lavendelöls – auch einen Sonnenbrand im Sommer.

Ergibt 120 ml
1/4 TL Borax
5 ml/1 TL gebleichtes Bienenwachs
5 ml/1 TL Lanolin
30 ml/2 EL Vaseline
25 ml/5 TL Aprikosenkernöl
20 ml/4 TL kaltgepreßtes Sonnenblumenöl
20 Tropfen Lavendelöl

1 Den Borax in 30 ml/2 EL kochendem Wasser auflösen. Bienenwachs, Lanolin und Vaseline mit dem Aprikosenkernöl und dem Sonnenblumenöl im Wasserbad schmelzen. Ist das Wachs flüssig, den Topf von der Kochstelle nehmen und alles gründlich durchrühren.

2 Die Boraxlösung mit dem Schneebesen unterrühren. Die Lotion wird weiß und dickt ein, trotzdem weiterrühren, bis sie kalt ist. Dann das Lavendelöl untermischen. In eine Flasche füllen und an einem dunklen, kühlen Ort aufbewahren.

OBEN: Der herrlich duftende Lavendel wächst in vielen Gärten.

PFEFFERMINZ-KÖRPERLOTION

Diese Lotion wird wie die Lavendel-Körperlotion hergestellt, allerdings mit nur 10 Tropfen Pfefferminzöl. Die erfrischende und belebende Lotion ist vor allem nach schwerer körperlicher Arbeit sehr wohltuend. Nicht für Kleinkinder und während der Schwangerschaft geeignet.

LAVENDEL-SCHAUMBAD

Es gibt keinen Grund, in Zukunft noch handelsübliche Schaumbäder zu kaufen. Dieses Schaumbad ist herrlich und so einfach herzustellen, daß es sich auch gut als Geschenk für Freunde und Verwandte eignet.

Ergibt 1 Flasche
Ein Bund Lavendel
1 große Flasche klares Bio-Shampoo
5 Tropfen Lavendelöl

Den Lavendel mit den Blüten nach unten in ein weithalsiges Schraubdeckelglas stellen. Da nur die Blüten gebraucht werden, die langen Stiele abschneiden. Das Shampoo und das Lavendelöl hinzufügen. Das Glas verschließen und für zwei bis drei Wochen auf eine sonnige Fensterbank stellen; gelegentlich schütteln. Die Flüssigkeit durch ein Sieb gießen und in eine saubere Flasche füllen.

KRÄUTERBAD-SÄCKCHEN

Diese Kräutersäckchen hängt man unter den Wannenhahn und läßt das heiße Badewasser darüber laufen, so wird der angenehme, entspannende Kräuterduft freigesetzt.

Ergibt 3 Säckchen
Drei runde Stücke Nesseltuch von 23 cm Durchmesser
6 EL Kleie
1 EL Lavendelblüten
1 EL Kamillenblüten
1 EL Rosmarinspitzen
3 kleine Gummiringe
3 m schmales Band oder Schnur

Auf die Nesselstücke jeweils 2 EL Kleie geben. Bei einem den Lavendel, beim zweiten die Kamille und beim dritten den Rosmarin hinzufügen. Den Stoff raffen, mit einem Gummiring verschließen und mit Band zubinden.

RECHTS: Lavendel-Körperlotion

Badeöle und Körperpeeling

Sich in einem Wannenbad mit duftenden Ölen zu entspannen oder die Haut mit einem Peeling zu reinigen und zu nähren gehört nicht zu den traditionellen Gewohnheiten von Landbewohnern. Früher waren Badezimmer – so es überhaupt welche gab – sehr spartanisch, und ein Wannenbad diente der Sauberkeit und nicht dem Vergnügen. Doch heutzutage, da Badezimmer im allgemeinen nicht nur funktionell, sondern auch warm und behaglich sind, kann man derlei Dinge genießen – beispielsweise nachdem man am Nachmittag den Garten umgegraben hat. Zum Abtrocknen dürfen große, flauschige, angewärmte Handtücher selbstverständlich nicht fehlen!

OBEN: Raffiniertes Körperpeeling mit duftenden Blüten- und Holzölen

RAFFINIERTES KÖRPER-PEELING

Dieses Peeling ist eine angenehme Alternative zum Luffa-Schwamm, weitaus sanfter und wohlriechend. Nach dem Bad den Körper gründlich abtrocknen und die Haut mit dem Peeling einreiben; dabei besonders auf alle trockenen Hautpartien achten. Das Peeling trocknen lassen, dann mit einem weichen Waschlappen in der Wanne abreiben. Die Haut wird herrlich weich und sauber. Das Peeling kann in hübschen Muschelschalen im Badezimmer aufbewahrt werden.

Ergibt etwa 150 g

2 EL pulverisierte getrocknete Orangenschale
3 EL gemahlene Mandeln
2 EL Hafermehl
1 EL Blütenblätter von roten Rosen
Etwa 90 ml/6 EL Mandelöl
5 Tropfen Blütenöl (Jasmin, Rose, Neroli oder Lavendel)
5 Tropfen Holzöl (Sandelholz, Rosenholz oder Zeder)

1 Die trockenen Zutaten gründlich vermischen.

2 Eßlöffelweise das Mandelöl hinzufügen und alles zu einer krümeligen Paste vermischen. Die ätherischen Öle unterrühren. Innerhalb von zwei Wochen verwenden.

ORANGEN-GRAPEFRUIT-BADEÖL

Am Tagesende ist ein duftendes Bad eine besondere Wohltat. Die Auswahl der ätherischen Öle richtet sich nach der gewünschten Wirkung – entspannend oder belebend. Ein Bad mit Orangen- und Grapefruitöl wirkt erfrischend. Erst nach dem Einlaufen des Badewassers 1 TL der Duftmischung hinzufügen, damit die ätherischen Öle nicht zu rasch verfliegen.

Ergibt 50 ml

45 ml/3 EL Mandelöl
5 Tropfen Grapefruitöl
5 Tropfen Orangenöl

Die Öle in eine Flasche geben und zum Vermischen kräftig schütteln.

RECHTS: Orangen-Grapefruit-Badeöl und raffiniertes Körperpeeling

Duftende Körperpuder

Um duftenden Körper- oder Talkumpuder herzustellen, kann man Glimmerpulver, ein gemahlenes Mineral, im Verhältnis 5:1 mit Maisstärke vermischen. Da Glimmerpulver nur äußerst schwer erhältlich ist, nimmt man als einfache Alternative unparfümiertes Talkum und mischt es mit Maisstärke, die man zuvor mit dem gewünschten ätherischen Öl parfümiert.
Rosen- oder Jasminöl haben einen intensiven, verführerischen Duft, Pfefferminzöl ist dagegen sportlich und sehr erfrischend.

Ergibt 50 g
5 EL Talkum
1 EL Maisstärke
5 Tropfen Rosen- oder Jasminöl
oder
2 Tropfen Pfefferminzöl

OBEN: Duftende Rosen – ein Luxus

OBEN: Körperpuder mit verführerischem Rosenduft

RECHTS: Körperpuder läßt sich mit einer Puderquaste auftragen oder in ein schönes Gefäß mit gelochtem Deckel füllen.

Nährcremes

Frauen auf dem Lande wissen seit jeher den Wert von Hautschutzmitteln zu schätzen, und diese Cremes bieten einen ausgezeichneten Schutz.

TRADITIONELLE KALTGERÜHRTE HAUTCREME

Diese Universalcreme kann zum Reinigen und Pflegen der Haut verwendet werden.

Ergibt 200 g
50 g gebleichtes Bienenwachs
115 g Mandelöl
1/2 TL Borax
50 ml Rosenwasser

1 Bienenwachs in Schüssel geben, Mandelöl hinzufügen. Wachs im Wasserbad bei schwacher Hitze schmelzen, dabei ständig rühren. Von der Kochstelle nehmen.

2 Borax im Rosenwasser auflösen, dann unter ständigem Rühren langsam zu dem flüssigen Wachs und dem Öl gießen.

3 Die Mixtur wird rasch milchig und dickt ein. Weiterrühren, bis sie abgekühlt ist und eine dickflüssige Konsistenz aufweist. Die Creme in ein Glas oder ein Porzellangefäß füllen.

OBEN: Traditionelle kaltgerührte Hautcreme

FEUCHTIGKEITSCREME MIT ROSENDUFT

Diese feuchtigkeitsspendende Creme, reich an nährenden Ölen und Wachsen, ist eine überaus wirksame Nachtcreme, die auch durch ihren verführerischen Duft besticht.

Ergibt etwa 175 ml
120 ml Rosenwasser
1/2 TL Glyzerin
30 ml/2 EL Hamamelisextrakt
1/4 TL Borax
30 ml/2 EL gebleichtes Bienenwachs
5 ml/1 TL Lanolin
30 ml/2 EL Mandelöl
2 Tropfen Rosenöl

Rosenwasser, Glyzerin, Hamamelis und Borax in einen Topf geben und bei niedriger Temperatur erhitzen, bis sich der Borax aufgelöst hat. Wachs und Lanolin mit dem Mandelöl im Wasserbad erhitzen, bis es flüssig ist. Dann langsam die Rosenwassermischung mit dem Schneebesen unterrühren. Die Mixtur wird rasch milchig und dickt ein. Den Topf von der Kochstelle nehmen und weiterrühren, damit die Creme abkühlt. Dann das Rosenöl hinzufügen. Die Creme in ein Porzellan- oder Glasgefäß füllen.

UNPARFÜMIERTE FEUCHTIGKEITSCREME

Diese einfache, unparfümierte Creme ist ein idealer Schutz für den Aufenthalt im Freien. Sie eignet sich sowohl für Männer wie für Frauen.

Ergibt etwa 150 ml
30 ml/2 EL Karnaubawachs
15 ml/1 EL gebleichtes Bienenwachs
120 ml Mandelöl

Die Zutaten bei niedriger Temperatur im Wasserbad erhitzen, bis das Wachs geschmolzen ist. Alles gut verrühren. Von der Kochstelle nehmen, die Creme in ein Gefäß gießen und fest werden lassen.

RECHTS: Hübsche alte Gefäße mit Hautcremes

Hautreiniger und Gesichtswässer

Hautpeelings, Tonika mit Blütenwässern und sanfte Reinigungsmittel kann man für einen Bruchteil des Preises vieler kommerzieller Produkte selbst herstellen. Wenn sie in hübschen Flaschen und Glasgefäßen aufbewahrt werden, sehen sie auf der Frisierkommode ebenso attraktiv aus.

MANDELÖL-REINIGER

Nach Anwendung dieses sanften Reinigers fühlt sich die Haut weich und geschmeidig an.

Ergibt etwa 400 ml
50 g gebleichtes Bienenwachs
300 ml Mandelöl
120 ml Rosenwasser
1/2 TL Borax
4 Tropfen Rosenöl (nach Belieben)

Das Bienenwachs bei niedriger Temperatur im Wasserbad schmelzen, langsam das Mandelöl dazugießen. Das Rosenwasser leicht erwärmen, den Borax darin auflösen. Das Rosenwasser zur Ölmischung geben; dabei ständig rühren, damit das Ganze emulgiert. Von der Kochstelle nehmen, während des Abkühlens weiterrühren. Nach Belieben das Rosenöl hinzufügen. In Glastöpfchen füllen.

ORANGEN-HAFERFLOCKEN-PEELING

Wer sein Gesicht lieber mit Wasser anstatt mit Hautreinigern säubert, kann einmal wöchentlich dieses Peeling benutzen, das die Haut weich und strahlend macht. Verwenden Sie die Schale von biologisch angebauten Orangen, da sie nicht mit Chemikalien gespritzt oder gewachst sind. Zur Verwendung des

OBEN: Orangenblüten- und Kornblumen-Gesichtswasser

Peelings einen Teelöffel der Mischung auf die Handfläche geben, mit Wasser zu einer Paste vermischen und sanft in die Haut massieren. Anschließend abspülen und abtrocknen.

2 EL feine Haferflocken
1 EL gemahlene Orangenschale

Die beiden Zutaten miteinander vermischen und in einem geschlossenen Gefäß aufbewahren.

GESICHTSWÄSSER

Zur beruhigenden oder belebenden Pflege der Haut werden verschiedene Arten von Gesichtswässern benutzt. Feinporige, trockene Haut wird mit einem milden Kräuteraufguß oder einem Blütenwasser beruhigt, großporige oder fette Haut kann hingegen von einem belebenden Gesichtswasser profitieren, das Hamamelisextrakt enthält. Zur Herstellung von Gesichtswässern werden die Ingredienzien in eine Glasflasche gefüllt und durch Schütteln miteinander vermischt. Zur Anwendung gibt man etwas Gesichtswasser auf ein angefeuchtetes Stück Watte.

Jedes Rezept ergibt 100 ml

Orangenblüten-Gesichtswasser
(für normale Haut)
75 ml/5 EL Orangenblütenwasser
25 ml/1 1/2 EL Rosenwasser

Kornblumen-Gesichtswasser
(für normale Haut)
75 ml/5 EL Kornblumenaufguß
(siehe Seite 110)
25 ml/1 1/2 EL Rosenwasser

Holunderblüten-Gesichtswasser
(für trockene Haut)
50 ml/3 1/4 EL Holunderblütenaufguß
(siehe Seite 76)
50 ml/3 1/4 EL Rosenwasser

Lavendel-Gesichtswasser
(für fettige Haut)
75 ml/5 EL Lavendelaufguß
(siehe Seite 76)
25 ml/1 1/2 EL Hamamelisextrakt

Lindenblüten-Gesichtswasser
(für reife Haut)
90 ml/4 3/4 EL Lindenblütenaufguß
(siehe Seite 76)
10 ml/1 3/4 TL Rosenwasser

RECHTS: Natürliche Pflegemittel – einfache Kosmetika aus naturreinen Bestandteilen

Handcremes und Salben

Diese Cremes und Salben sind ideal, wenn die Hände nach der Arbeit im Garten, vor allem bei feuchtem, kaltem Wetter, rauh und aufgesprungen sind. Man kann sie auch als Hautschutzcremes benutzen.

WINTER-HANDCREME

Diese Nährcreme enthält pflegendes Patschuli-Öl, das besonders gut gegen aufgesprungene, rissige Haut wirkt. Bei stark beanspruchten Händen empfiehlt sich das von alters her bewährte Hausmittel, die Hände vor dem Zubettgehen dick mit Creme einzureiben und ein Paar weiche Baumwollhandschuhe darüber zu ziehen. Die Creme zieht über Nacht in die Haut ein, und am nächsten Morgen fühlen sich die Hände wieder wunderbar weich an.

Ergibt etwa 475 ml
75 g unparfümierte harte weiße Seife
115 g Bienenwachs
45 ml/3 EL Glyzerin
150 ml Mandelöl
45ml/3 EL Rosenwasser
25 Tropfen Patschuli-Öl

OBEN: Winter-Handcreme

1 Die Seife reiben, in einer Schüssel mit 90 ml/6 EL kochendem Wasser übergießen und glatt rühren.

2 Bienenwachs, Glyzerin, Mandelöl und Rosenwasser bei niedriger Temperatur im Wasserbad erhitzen, bis das Wachs geschmolzen ist.

3 Von der Kochstelle nehmen und nach und nach die aufgelöste Seife unterschlagen. Weiterrühren, bis die Creme abgekühlt und eingedickt ist. Das Patschuli-Öl untermischen und die Creme in Glas- oder Porzellangefäße füllen.

OBEN: Rosenblüten

HEILSALBE

Diese Heilsalbe ist das ideale Mittel für all die kleinen Risse und Schrammen, die man sich bei der Gartenarbeit zuzieht. Sie weist auch ausgezeichnet Feuchtigkeit ab und schützt so die Hände, wenn man bei nassem Wetter im Freien arbeitet.

Ergibt 100 ml
90 ml/6 EL weiße Vaseline
1/2 TL Paraffinwachs
1/4 TL Lanolin anhydrid
10 Tropfen ätherisches Öl (Zitrone, Teebaum oder Lavendel)

Vaseline, Paraffinwachs und Lanolin bei niedriger Temperatur im Wasserbad schmelzen; dabei ständig rühren. Wenn alle Substanzen geschmolzen sind, von der Kochstelle nehmen und weiterrühren, bis die Creme abgekühlt und eingedickt ist. Das ätherische Öl untermischen und die Salbe in einem Porzellangefäß oder einem dunkel eingefärbten Glas aufbewahren.

RECHTS: Hart arbeitende Hände profitieren von regelmäßiger Hautpflege.

Haarspülungen und Ölpackungen

Sowohl frische Kräuter wie auch ätherische Öle eignen sich zur Gesunderhaltung von Haar und Kopfhaut. Viele Haarprodukte hinterlassen Rückstände, die das Haar stumpf machen und die Kopfhaut schädigen. Die regelmäßige Anwendung einer Kräuter-Haarspülung und eine gelegentliche Ölpackung geben dem Haar Glanz und regen die Kopfhaut an.

APFELESSIG-HAARSPÜLUNG

Diese altbewährte Haarspülung wirkt belebend auf die Kopfhaut und gibt dem Haar einen schönen Glanz. Man benutzt sie als abschließende Spülung nach dem Haarewaschen. Dann die Haare mit dem Handtuch trocknen, behutsam durchkämmen und an der Luft trocknen lassen.

Ergibt 1,2 Liter
250 ml Apfelessig

Den Essig mit 1 l warmem Wasser vermischen und nach dem Haarewaschen als letzte Spülung nehmen.

KAMILLEN-HAARSPÜLUNG

Diese Spülung eignet sich für blondes Haar und für Kinder. Die Anwendung erfolgt wie bei der Rosmarin-Haarspülung (unten). Beläßt man sie im Haar, wird die Farbe aufgehellt, insbesondere wenn man die Haare in der Sonne trocknen läßt.

Ergibt 1 Liter
50 g Kamillenblüten
150 ml Apfelessig
5 Tropfen Kamillenöl

Die Spülung in gleicher Weise wie die Rosmarin-Haarspülung herstellen.

OBEN: Bewahren Sie Haarspülungen und Öle in hübschen Flaschen auf.

ROSMARIN-HAARSPÜLUNG

Rosmarin ist ein hervorragender und wirksamer Haar-Conditioner, speziell für dunkles Haar. Mit dem Zusatz von etwas Rosmarinöl ist diese Spülung ein natürliches Mittel gegen Schuppen und ähnliche Kopfhautprobleme.
Man sollte die Spülung einmal pro Woche benutzen, um das Haar gesund zu erhalten.

Oben: *Kräuter-Pflegemittel geben dem Haar neuen Glanz und sorgen für eine gesunde Kopfhaut.*

Ergibt 1,2 Liter
50 g Rosmarinzweige
300 ml Apfelessig
10 Tropfen Rosmarinöl

Den Rosmarin mit 900 ml kochendem Wasser übergießen und zugedeckt über Nacht ziehen lassen. Die Flüssigkeit durch ein Sieb gießen, den Essig und das ätherische Öl hinzufügen und die Spülung in eine verschließbare Flasche füllen.

ÖLPACKUNG

Wind und Wetter ausgesetzte Haare werden oft trocken und widerspenstig. Eine monatliche Ölpackung bewirkt oft Wunder. Das Öl sparsam auf den trockenen Haaren verteilen, so daß sie davon überzogen, aber nicht getränkt werden, und sanft einmassieren. Ein heißes Handtuch um den Kopf wickeln, das Öl 20 Minuten einwirken lassen und die Haare anschließend mit Shampoo waschen.

Reicht für 4 bis 6 Anwendungen
90 ml/6 EL Kokosöl
3 Tropfen Rosmarinöl
2 Tropfen Teebaumöl
2 Tropfen Lavendelöl

Miteinander vermischen und in einer dunklen Flasche aufbewahren.

DIE VORRATSKAMMER

Verlockende Ideen für Duftspender und Dekorationen, natürliche Heilmittel und andere Dinge aus der Vorratskammer

Die Geschichte der Vorratskammer

In früheren Zeiten stellte die Vorratskammer sozusagen die Schaltzentrale des Haushalts dar. Hier bewahrte die Landfrau ihre kostbaren Kräuter und Gewürze auf, hier wurden Lotionen und Heilmittel hergestellt und Rohstoffe destilliert. Damit war sie Hausärztin, Apothekerin, Kräuterkundige, Parfümeurin, Kerzengießerin und Kammerjägerin in einer Person, und die Gesundheit und das Wohlergehen aller im Haushalt lebenden Personen lag in ihrer Verantwortung.

Ihr Wissen war vorwiegend praktischer Natur, beruhte es doch auf Fertigkeiten, Beobachtungen und Rezepten, die von Generation zu Generation weitergegeben wurden. Ihr Tag, ihre Woche, ihr Jahr waren ausgefüllt mit zahllosen Arbeiten, die alle erledigt sein wollten, damit der Haushalt reibungslos funktionierte. Es ist daher nicht verwunderlich, daß nur wenige Frauen die erforderliche Zeit, Energie oder Ausbildung besaßen, ihre Rezepte niederzuschreiben. Aus den vereinzelt vorhandenen Aufzeichnungen geht allerdings deutlich hervor, daß diese Frauen über einen gesunden Menschenverstand und ein fundiertes Wissen über die Substanzen verfügten, mit denen sie arbeiteten, was im krassen Gegensatz zu den Herbalisten und Doktoren jener Zeit stand, die sich gerne auf magische Kräfte beriefen und eklige und auch gefährliche Ingredienzien in ihren Rezepturen verwendeten.

Heutzutage sind Potpourris, Blütenwässer und Duftkerzen hübsche dekorative Accessoires, doch im Haushalt des 16. Jahrhunderts waren solche Dinge unerläßlich, um üble Gerüche zu vertreiben und Ungeziefer und Krankheiten unter Kontrolle zu halten.

Kräuter wurden in großen Mengen gesammelt, getrocknet, aufbewahrt und verwendet, um Speisen Aroma zu verleihen und den zumeist nicht eben frischen Geschmack des Fleisches zu überdecken. Darüber hinaus nahm man sie für zahlreiche Heiltees und zum Destillieren, und man streute sie auf den Boden.

Gewürze waren ein wertvolles Gut, das von der Hausfrau sorgsam unter Verschluß gehalten wurde. Sie waren sehr teuer, trotzdem verwendete man sie in riesigen Mengen, die wir für völlig übertrieben halten würden. Doch ebenso wie Kräuter dienten Gewürze dazu, den Geschmack ranziger Zutaten zu überdecken. Auch war ihre Heilkraft wohlbekannt und anerkannt.

Moderne Rezepte für die Vorratskammer sind in vieler Hinsicht stark romantisierte Versionen ihrer mittelalterlichen Vorläufer. Wir stellen diese Dinge mehr zum Vergnügen als zum praktischen Nutzen her, doch sind sie wohlriechend, dekorativ und zuweilen auch funktional. Durch die Weitergabe solcher Fertigkeiten tragen wir dazu bei, eine Tradition fortzuführen, die seit Jahrhunderten ein fester Bestandteil des ländlichen Lebens ist.

LINKS: Duftende und farbenfrohe getrocknete Blumen werden in Glasgefäßen aufbewahrt, um sie später mit Kräutern, Gewürzen und Fixiermitteln zu wohlriechenden Potpourris zu mischen.

OBEN: Rosen für Potpourris werden geschnitten, bevor die Blütenblätter abfallen. Zum Trocknen legt man diese auf Löschpapier und bewahrt sie anschließend in luftdicht verschlossenen Behältern auf.

RECHTS: Aromatische Kräuter und Gewürze haben immer ihren Preis gehabt. Früher wurden Kriege geführt, um Kontrolle über die Gewürzrouten zu erlangen, und die meisten Gewürzhändler waren Männer von unermeßlichem Reichtum.

Potpourris

Ein Potpourri setzt sich aus drei Elementen zusammen: aus Duft, Fixiermitteln und Füllmaterial. Für den Duft sorgt eine Mischung aus Ölen und Gewürzen; die Fixiermittel verhindern, daß der Duft verfliegt; das Füllmaterial sind Blütenblätter, Laub, Zapfen und sonstige Naturprodukte, aus denen das Potpourri besteht. Nach dem Mischen läßt man das Potpourri sechs Wochen in einem verschlossenen Behälter »durchziehen«, damit sich der Duft in den Füllmaterialien festsetzt und seine anfängliche Strenge verliert.

Ätherische Öle, ganze und gemahlene Gewürze und Fixiermittel gibt es in Kräuterläden und bei Spezialfirmen zu kaufen. In den hier aufgeführten Rezepten werden als Fixiermittel Veilchenwurzelpulver und Benzoeharz verwendet. Wobei die Rezepte durchweg für trockene Potpourris gedacht sind, die bedeutend attraktiver aussehen als feuchte Potpourris.

Potpourris sollten eher an einem dunklen Platz stehen, da sie sonst schnell ausbleichen. Um den Duft freizusetzen, mischt man das Potpourri durch; um ihn aufzufrischen, füllt man das Potpourri mit frischen Gewürzen und Ölen zum Durchziehen zurück in den Behälter oder träufelt – wenn es schneller gehen soll – ein wenig Weinbrand darüber.

WARNUNG: Bestimmte ätherische Öle sollten nicht von Schwangeren oder bei bestehenden gesundheitlichen Problemen eingeatmet werden.
Einige Öle können zu Hautreizungen führen, und es empfiehlt sich daher, beim Hantieren mit den konzentrierten Ölen und beim Mischen von Gewürzen Gummihandschuhe zu tragen.

SOMMER-POTPOURRI

Pflücken Sie jedesmal, wenn Sie nach draußen gehen, ein paar Blumen, die Sie dann an einem warmen, trockenen Platz auf ein Drahtgitter zum Trocknen legen. Von vollständig aufgeblühten Rosen zupfen Sie die Blütenblätter ab, verteilen sie großflächig zum Trocknen und nehmen sie als Grundlage für das Potpourri.

3 TL gemahlener Zimt
1 EL Veilchenwurzelpulver
1 ganze Muskatnuß, gerieben
40 Tropfen Lavendelöl
40 Tropfen Geraniumöl mit Rosenduft
10 Tropfen Mandarinenöl
1,75 l getrocknete Blüten (Blütenblätter und Knospen von Rosen, Päonien, Lavendel und rosa Pfeffer)

Zimt, Veilchenwurzelpulver und Muskat in einem Mörser vermischen. Die ätherischen Öle hinzufügen und alles mit dem Stößel zu einem feuchten Pulver verrühren. Die getrockneten Blüten in einer großen Rührschüssel abmessen und die Gewürze mit den Ölen gründlich untermischen. Das Potpourri in ein großes verschließbares Keramik- oder Glasgefäß füllen und zum Durchziehen sechs Wochen stehen lassen; während dieser

OBEN: *Sommer-Potpourri*

OBEN: *Gewürzinsel-Potpourri*

Zeit gelegentlich durchheben. Anschließend ist das Potpourri gebrauchsfertig.

GEWÜRZINSEL-POTPOURRI

Dieses Potpourri ist eine exotische Mischung aus Nüssen, Samenkapseln, Gewürzen und Chillies mit Gewürz- und Holzölen. Es sieht besonders hübsch aus, wenn es in eine Schale aus Holz oder Steingut gefüllt wird. Man kann dazu Nüsse verwenden, die von Weihnachten übriggeblieben sind, und ganze Gewürze, die schon allzu lange im Schrank liegen.

2 TL gemahlener Anis
1 TL geriebene Muskatnuß
1 TL gemahlener Zimt
1 TL gemahlenes Piment
1 TL gemahlene Nelken
2 TL Benzoeharz
25 Tropfen Zimtöl
10 Tropfen Ingweröl
10 Tropfen Orangenöl
10 Tropfen Patschuli-Öl
5 Tropfen Sandelholzöl oder Vetiver-Öl
1,75 l getrocknete Füllzutaten (Sternanis, Paranüsse, Chilischoten, Zimtstangen, Muskatnüsse)

Gewürze und Benzoeharz im Mörser vermischen. Die ätherischen Öle mit dem

Stößel unterarbeiten, so daß ein feuchtes Pulver entsteht. Die Füllzutaten in einer großen Schüssel abmessen und die Gewürz-Öl-Mischung hinzufügen. Das Potpourri in ein verschließbares Gefäß aus Keramik oder Holz geben und sechs Wochen durchziehen lassen; zwischendurch gelegentlich durchheben und schütteln. Anschließend kann das Potpourri in einer flachen Schale aufgestellt werden.

HERBST-POTPOURRI

Die warmen, sanften Farben des Herbstes werden in diesem schönen Potpourri eingefangen, das sich aus orangefarbenen und grünen Lampionblumen, Eichenlaub, Eicheln und Zapfen zusammensetzt. Eine ungewöhnliche Mischung aus Gewürzen und Ölen gibt ihm einen reinen, kräftigen Duft.

1 EL frisch gemahlener grober schwarzer Pfeffer
1 EL frisch gemahlener Koriander
1 TL gemahlener Ingwer
2 EL Benzoeharz
20 Tropfen Ingweröl
20 Tropfen Limettenöl
5 Tropfen Basilikumöl
5 Tropfen Wacholderöl
1,75 l getrocknete Füllzutaten (Lampionblumen, Eichenblätter, Eicheln, Samenkapseln, kleine Zapfen und Pilze)

Gewürze und Benzoeharz im Mörser vermischen. Die ätherischen Öle mit dem Stößel unterarbeiten, so daß ein feuchtes Pulver entsteht. Die Füllzutaten in einer großen Schüssel abmessen und die Gewürze mit den Ölen untermischen. Das Potpourri in ein verschließbares Gefäß aus Keramik oder Glas geben und sechs Wochen durchziehen lassen; zwischendurch gelegentlich durchheben und schütteln.

RECHTS: Lampionblumen sorgen in einem herbstlichen Potpourri für Farbe (oben links).

Duftspender und Duftkerzen

Eine Auswahl an ätherischen Ölen ist alles, was man braucht, um das Haus mit Wohlgeruch zu erfüllen. Düfte beeinflussen die Gemütslage, und mit einem erfrischenden Öl wie Zitrone oder Grapefruit läßt sich ein Gefühl von Energie und Konzentration schaffen, während ein sinnliches Öl wie Jasmin eine romantische Stimmung hervorruft.

ZERSTÄUBER

Ätherische Öle lassen sich mit Wasser verdünnen – 10 Tropfen Öl auf 100 ml/ 7 EL Wasser – und mit einem Zerstäuber versprühen. Der Zerstäuber sollte aus Metall oder Keramik sein, da sich die Öle in Plastikbehältern zersetzen.

VERDAMPFER

Der klassische Verdampfer besteht aus einer durchbrochenen Schale mit einem Teelicht oder einer Kerze, über der sich ein kleiner Teller mit Wasser und ätherischem Öl befindet. Durch das Erwärmen des Wassers verbreitet sich das Öl in der Luft. Zur Weihnachtszeit kann man eine herrliche Atmosphäre schaffen, wenn man etwas Zimt- und Orangenöl in das Wasser gibt.

KERAMIKRING

Solche Ringe, bei denen das ätherische Öl in das poröse Material zieht, passen über Glühbirnen. Achten Sie jedoch auf Sicherheit, denn es soll Fälle gegeben haben, wo sie explodiert sind (ich hatte allerdings noch nie dieses Problem).

GETROCKNETE ORANGEN

Getrocknete Orangen, vor allem aber Pomeranzen, duften wunderbar und erfüllen, in Schüsseln gelegt, das Zimmer mit ihrem Wohlgeruch. Wenn ihr Duft schwächer wird, läßt er sich mit Bergamott- oder Orangenöl auffrischen.

OBEN: Stark duftende getrocknete Pomeranzen

Um die Früchte zu trocknen, die Schale mehrmals senkrecht einschneiden, die Früchte über einem Backblech auf einen Gitterost legen und bei sehr niedriger Temperatur über Nacht in den Backofen stellen. Die Backofentür unbedingt einen Spaltbreit offenlassen, da die Früchte reichlich Flüssigkeit abgeben und diese abziehen muß. Anschließend die Früchte an einem warmen Platz noch mindestens eine Woche nachtrocknen lassen, bis sie sich hart anfühlen und ganz leicht sind.

DUFTKUGELN

Parfümkugeln sind seit der Jahrhundertwende beliebt, weil sie oft selbst nach Jahren noch ihren Wohlgeruch verströmen. Pomeranzen eignen sich zu diesem Zweck am besten. (Verwenden Sie ausschließlich einwandfreie Früchte, und auch die Gewürznelken sollten von bester Qualität sein.) Duftkugeln hängt man in Kleider- und Geschirrschränke.

Ergibt 6 Duftkugeln
115 g gemahlener Zimt
50 g gemahlene Nelken
15 g gemahlenes Piment
15 g frisch geriebene Muskatnuß
15 g gemahlener Koriander
25 g Veilchenwurzelpulver
6 Pomeranzen
115 g ganze Nelken

Die gemahlenen Gewürze und das Veilchenwurzelpulver in einer Steingutschüssel vermischen, die einen Deckel besitzt und in der alle Pomeranzen Platz haben. Die Pomeranzen mit Nelken spikken; die Löcher mit einem Holzspießchen oder einer dicken Nadel vorstechen. Die Früchte in der Gewürzmischung wenden, den Deckel auflegen und alles für wenigstens vier Wochen an einen warmen Platz stellen. Die Pomeranzen täglich herumdrehen. Wenn sich die Gewürzmischung feucht anfühlt, den Deckel einen Spaltbreit offenlassen, damit die Feuchtigkeit entweichen kann. Nach 4 Wochen sind die Früchte hart und zusammengeschrumpft, und die Duftkugeln können aufgehängt werden.

TÜRSÄCKCHEN

Für diese einfache Methode, ein Zimmer zu parfümieren, näht man kleine Stoffsäckchen (siehe Seite 106) und füllt sie mit Potpourri oder Watte, die mit ätherischem Öl betropft ist (das Öl muß sich in der Mitte der Watte befinden, da der Stoff sonst Flecken bekommen kann). Die Säckchen mit Band oder Schnur verschließen und an die Türklinken hängen. Beim Öffnen und Schließen der Tür wird der Duft in den Raum getragen.

RECHTS: Füllen Sie Ihr Haus mit einem Schleier von natürlichen, zarten Düften.

Duftsäckchen

Wie Potpourris kann man auch Stoffsäckchen als Duftspender im Haus benutzen. Man legt sie in Schubladen und Schränke, steckt sie zwischen Sitzkissen und unter Kopfkissen.

LAVENDELSÄCKCHEN

Das klassische Duftsäckchen, das Lavendelsäckchen, erfreut sich einer anhaltenden Beliebtheit, weil es so herrlich duftet und Motten vertreibt.

Ergibt 5 Säckchen
Stoff, 30 × 120 cm
Nadel und Faden
Stecknadeln
1,25 m Band oder Schnur (nach Belieben)
FÜLLUNG:
75 g Lavendel
25 g Veilchenwurzelpulver
25 Tropfen Lavendelöl

1 Den Stoff der Länge nach durchschneiden, so daß sich ein Streifen von 25 × 120 cm und ein Streifen von 5 × 120 cm ergeben. Jeden Streifen in fünf gleich große Stücke schneiden. Aus den größeren Stoffstücken werden die Säckchen genäht, mit den kleineren werden sie zugebunden. An einer Kante der Säckchen jeweils einen 5 cm breiten Rand umschlagen und säumen.

2 Den Stoff in der Mitte rechts auf rechts zusammenlegen, am Rand mit Stecknadeln sichern und zusammennähen. Die Säckchen auf rechts drehen und bügeln. Für die Bänder die schmalen Stoffstreifen längs zusammenlegen, mit Stecknadeln sichern und die Seite und ein Ende zunähen. Auf rechts drehen, das offene Ende nach innen schlagen, zunähen und bügeln.

3 Die Füllung gleichmäßig auf die Säckchen verteilen und jedes Lavendelsäckchen mit einem Stoffband oder einem 25 cm langen Stück Schnur oder Kordel zubinden.

LINKS: Das allzeit beliebte Lavendelsäckchen

RECHTS: Stoffreste eignen sich gut für Duftsäckchen.

KISSEN MIT ROSEN- UND LAVENDELDUFT

Duftkissen erfüllen das Haus mit Wohlgeruch. Sie verströmen jedesmal ihren Duft, wenn man sich dagegenlehnt. Der Duft hält sich zwar gut, dennoch sollte der Kissenbezug abnehmbar sein, damit die Duftmischung bei Bedarf erneuert werden kann.

50 g Blütenblätter und Knospen von Rosen
10 g Lavendelblüten
10 g Eichenmoos (nach Belieben)
5 Lorbeerblätter, in kleine Stücke gebrochen
1 EL gemahlener Zimt
1 EL Veilchenwurzelpulver
10 Tropfen Rosenöl
Nessel, 40 × 40 cm
Nadel und Faden
Dicke Polsterwatte, 50 × 50 cm
Kissenbezug, 50 × 50 cm

1 Alle trockenen Zutaten in einer Schüssel vermischen und das Rosenöl dazugeben.

2 Den Nessel zweimal in der Mitte falten und an zwei Seiten zunähen, so daß ein Säckchen von jeweils 20 cm Seitenlänge entsteht. Die Duftmischung einfüllen und die offene Seite zunähen.

3 Das Duftsäckchen auf die Polsterwatte legen. Die Wattierung darüber schlagen. Rundum zunähen, um so die Polsterung für das Kissen zu schaffen, und in den Kissenbezug stecken.

OBEN: Duftsäckchen sind ein schlichtes, aber hübsches Geschenk.

ROSENSÄCKCHEN

Diese wundervoll duftenden Säckchen sind ein beliebtes Geschenk. Sie werden wie die Lavendelsäckchen auf Seite 106 angefertigt und anschließend mit folgender Mischung gefüllt:

75 g Blütenblätter von duftenden roten Rosen
25 g Veilchenwurzelpulver
25 Tropfen Rosenöl

DUFTSÄCKCHEN ALS MOTTENSCHUTZ

Diese kleinen Säckchen werden mit Motten vertreibenden Kräutern gefüllt. Man kann sie zum Schutz vor Mottenbefall zwischen Kleidungsstücke stecken. Die Duftmischung besteht zu gleichen Teilen aus Zitronenkraut (Artemisia abrotanum), Rainfarn (Tanacetum vulgare) und Heiligenkraut (Santolina chamaecyparissus).

PFEFFERMINZ-SÄCKCHEN

Mit Pfefferminze gefüllte Duftsäckchen sind ein gutes Mittel gegen Übelkeit. Nehmen Sie die Säckchen im Auto mit, wenn Ihre Kinder unter Reisekrankheit leiden.

RECHTS: Ein Duftkissen, zwischen anderen Kissen auf dem Sofa plaziert, verströmt seinen zarten Duft immer dann, wenn man sich dagegenlehnt.

Natürliche Heil- und Arzneimittel

Früher war es von großer Bedeutung, daß die Frau des Hauses über wirksame Mittel gegen Husten und Erkältungen, Schnittwunden und Blessuren verfügte, mit denen sie ihre Familie behandeln konnte, und sie war stolz auf ihr Wissen und ihre Palette an Lotionen, Heilsalben und Tees in ihrer Vorratskammer. Die Pflanzen und Kräuter, die dazu verwendet wurden, wachsen heute zum Teil noch wild auf unseren Feldern und an Wegesrändern, doch nur wenige von uns haben die Zeit und das Wissen, um die zahlreichen Heilmittel vergangener Tage herzustellen. Dennoch gibt es eine Reihe altmodischer Hausmittel, deren Anwendung einfach und unbedenklich ist.

Honig und Zitrone ist ein altbewährtes Mittel gegen Halsbeschwerden. Zur Herstellung verrührt man den Saft einer großen Zitrone mit 1 EL klarem Honig (nach Geschmack auch mehr) und gießt das Ganze mit kochendem Wasser zu einem wohltuenden heißen Getränk auf.

Pfefferminztee ist ein zuverlässiges und wohlschmeckendes Mittel gegen Verdauungsbeschwerden und Übelkeit.

Kamillentee beruhigt ruhelose Kinder und fördert den Schlaf bei Kindern und auch Erwachsenen.

Salbeitee mit Honig lindert Erkältungen, Husten und Halsbeschwerden. Man nimmt dazu 15 g Salbeiblätter, 1 EL klaren Honig und den Saft einer Zitrone, gießt das Ganze mit 300 ml kochendem Wasser auf und läßt den Tee zugedeckt 20–30 Minuten ziehen. Anschließend durch ein Sieb gießen und heiß trinken.

Calendula (Ringelblumen)-Creme ist auch heute noch ein beliebtes Mittel zur Behandlung kleiner Schnittwunden und Schrammen. Für einen Ringelblumenextrakt ein weithalsiges Glas dichtgepackt mit Blüten füllen, das Glas verschließen und 7–10 Tage auf eine sonnige Fensterbank stellen. Den öligen Bodensatz dann durch ein Sieb abgießen. Diesen Extrakt anstelle des ätherischen Öles in dem Heilsalbenrezept auf Seite 94 verwenden.

Hamamelisextrakt, auf Insektenstiche getupft, lindert den Schmerz.

Kornblumenwasser hilft bei überanstrengten und müden Augen. Zur Herstellung 2 EL Kornblumenblüten mit 120 ml kochendem Wasser übergießen. Zugedeckt abkühlen lassen und dann durch ein Sieb gießen. Watte-Pads damit tränken und für 15 Minuten auf die Augenlider legen.

Knoblauch ist ein wirksames, wenn auch geruchsintensives Antiseptikum. Regelmäßig mit der Nahrung zu sich genommen, reinigt er das Blut und senkt den Cholesterinspiegel.

Hagebutten-Hibiskus-Tee ist reich an Vitamin C und wirkt gut gegen Husten und Erkältungen.

Holunderblüten-Pfefferminz-Tee wirkt gegen Fieber, wenn er im Frühstadium getrunken wird.

Rosen- oder Orangenblütenwasser, in sehr geringen Mengen heißem Wasser zugesetzt, hält bei täglicher Einnahme die Haut rein und fördert die Verdauung. Es sollte sich um Blütenwasser von Verzehrqualität handeln.

LINKS: Heilkräuter und -blüten in den Fächern eines alten Steingefäßes

RECHTS: Mit einfachen Hausmitteln lassen sich kleinere Beschwerden wie Erkältungen behandeln.

Duftende Möbelpolituren

Altmodische Holzpolituren erfreuen sich wieder wachsender Beliebtheit, da Sprühpolituren den Möbeln selten einen so tiefen Glanz verleihen wie eine natürliche Wachspolitur.

BIENENWACHS-TERPENTIN-POLITUR

Diese Politur ist sehr einfach in der Herstellung, und der Zusatz von Holzölen verleiht ihr einen angenehm harzigen Geruch. Man kann der Politur auch Zitronen- oder Lavendelöl zusetzen. Die Politur mit einem weichen Tuch auftragen, einige Minuten trocknen lassen und dann kräftig mit einem weichen Staubtuch abreiben, damit das Holz einen schönen Glanz bekommt.

Ergibt 250 ml
75 g ungebleichtes Bienenwachs
200 ml reines Terpentin
20 Tropfen Zedernöl
10 Tropfen Sandelholzöl

OBEN: Bienenwachs und Leinöl

1 Das Bienenwachs grob reiben und in ein Schraubdeckelglas füllen.

2 Das Terpentin dazugießen, das Glas verschließen und eine Woche stehen lassen; gelegentlich durchrühren, damit eine geschmeidige Creme entsteht. Die ätherischen Öle hinzufügen und alles gut vermischen. Die Politur ist nun gebrauchsfertig.

MÖBEL-REGENERATOR

Staub und Rückstände von Sprühpolituren machen Holzflächen mit der Zeit matt und unansehnlich. Mit diesem traditionellen Mittel löst sich der Schmutz, und das Holz wird gleichzeitig gepflegt. Am besten wendet man es über einige Wochen an, damit die Politurschichten allmählich entfernt werden. Sobald die Oberfläche vollkommen sauber ist, kann wieder eine herkömmliche Holzpolitur benutzt werden. Mit einem weichen Tuch auftragen, einige Minuten einwirken lassen, dann mit einem sauberen Tuch wegwischen.

Ergibt 750 ml
250 ml Malzessig
250 ml reines Terpentin
250 ml naturreines Leinöl
1 EL Zucker

Die Zutaten in eine Flasche mit Kork- oder Schraubdeckelverschluß füllen, verschließen und kräftig schütteln, damit alles gut vermischt ist. Gut sichtbar beschriften!

ESSIG ALS REINIGER

Malzessig ist ein äußerst vielseitiger und wirksamer Haushaltsreiniger, speziell in Gegenden mit hartem Wasser, wo Kalkablagerungen ein Problem sind. So kann man nach dem Fensterputzen ein sauberes Tuch oder einen Schwamm in unverdünnten Essig tauchen, die Scheiben damit abwischen und sie anschließend mit zusammengeknülltem Zeitungspapier trockenreiben – eine alte, aber zuverlässige Methode für blitzblanke Fenster. Auch im Bad sollte man eine Sprühflasche mit Essig stehen haben, um Wasserflecken an der Duschabtrennung zu entfernen und Kalkablagerungen an Fliesen, Badewannen und Waschbecken zu verhindern.

OBEN: Eine Auswahl altbewährter Tücher, Bürsten und Polituren steht für die Frühjahrsreinigung wertvoller Möbelstücke bereit.

Gerollte Bienenwachskerzen

Kerzen aus Bienenwachsplatten lassen sich einfach herstellen, sehen wunderschön aus und duften herrlich. Gutes Bienenwachs besitzt einen intensiven Honiggeruch, und die brennenden Kerzen verströmen den süßen Duft im ganzen Zimmer. Das Wachs sollte zum Aufrollen Raumtemperatur haben, da es sich sonst schlecht verarbeiten läßt. Mit Hilfe eines auf niedrige Temperatur gestellten Föns wird das Wachs geschmeidig, ohne daß es schmilzt.

Ergibt 1 Kerze
Kerzendocht, 23 cm lang
Bienenwachsplatte, 20 × 35 cm
Geschmolzenes Bienenwachs für den Docht
Kleiner Pinsel

OBEN: Eine duftende Bienenwachskerze

1 Den Kerzendocht quer auf die Bienenwachsplatte legen und in passender Länge abschneiden.

2 Das Wachs behutsam über den Docht klappen und die Platte zu einer Kerze rollen.

3 Den Docht am oberen Ende mit geschmolzenem Wachs bestreichen.

DUFTKERZEN

Schöne, duftende Kerzen gefallen mir als Duftspender in einem Zimmer am besten. Bei der Herstellung kann man einzelne ätherische Öle oder Mischungen verwenden, um den gewünschten Duft zu erzielen. Alte Blumentöpfe aus Ton ergeben einfache, aber schöne Gießformen und lassen sich immer wieder benutzen. Für ein Essen bei Kerzenschein parfümieren Sie das Wachs mit Blütenölen; um an Sommerabenden Insekten fernzuhalten, setzen Sie Citronell- oder Rosmarinöl zu; und für Festlichkeiten verwenden Sie Weihrauchöl.

Ausreichend für einen 10cm großen Topf
Kleines Stück Kitt oder Ton
115 g Paraffinwachs
25 g Bienenwachs
18-mm-Docht von 15 cm Länge
25 Tropfen ätherisches Öl

Das Loch im Boden des Blumentopfes mit Kitt oder Ton verschließen. Das Paraffin- und das Bienenwachs bei niedriger Hitze im Wasserbad schmelzen. Das ätherische Öl hinzufügen.

Den Docht in das flüssige Wachs tauchen, ein Ende in den Ton oder Kitt drükken und mittig ausrichten. Das geschmolzene Wachs in den Topf gießen. Einen Kochlöffel oder ein Hölzchen quer über den Topf legen und das Dochtende darüber hängen, damit der Docht in der Mitte bleibt und nicht nach unten rutscht. Während des Abkühlens entsteht rund um den Docht eine Vertiefung, die später mit Wachs aufgefüllt werden kann.

RECHTS: Der warme Schein von Kerzen ist schmeichelhaft und entspannend und erzeugt eine romantische Atmosphäre.

Kränze und Girlanden

So wie die Jahreszeiten wechseln, ändern sich in ländlichen Haushalten auch die Blumen und Dekorationen aus Naturmaterialien: Narzissen und Traubenhyazinthen im Frühling, Wiesenkerbel und Hundsrosen im Sommer und leuchtend gefärbte Beeren im Herbst. Auch andere natürliche Dekorationen finden ihren Weg ins Haus: am Wegesrand gesammeltes Herbstlaub, das man als wertvollen Schatz mitgenommen hat, ein verwaistes Vogelnest aus einer Winterhecke oder ein Korb mit Tannenzapfen aus dem Wald.

KRANZ MIT MOOSEN UND ZWEIGEN

Moose und Flechten sind das vorherrschende Material für diesen Kranz, der außerdem von kleinen Zweigen, Zapfen und Pilzen geziert wird. Ich lese bei Spaziergängen heruntergefallene Zweige und Zapfen auf, kaufe aber die übrigen Materialien in einem Geschäft für Blumenbindereibedarf, und so sollten Sie ebenfalls verfahren, wenn sich nicht große Mengen dieser Pflanzen auf Ihrem eigenen Grundstück befinden. Polstermoos sollte man in Stücke reißen und nicht schneiden, damit es möglichst natürlich aussieht.

Blumendraht
Strohkranz von 30 cm Durchmesser
Verschiedene Moose und Flechten, wie Polstermoos, Eichenmoos, Louisiana-Moos und Islandmoos
Drahtklammern (können auch aus Blumendraht gebogen werden)
Heißkleberpistole und Kleberstäbchen
Kleine Zapfen
Getrocknete Pilze
Kleine Zweige

1 Eine Drahtschlaufe hinten am Kranz befestigen. Den Strohkranz vollständig mit Polstermoos bedecken und mit Klammern feststecken. Die anderen Moose und Flechten arrangieren und feststecken.

2 Oder Sie können die anderen Moose und Flechten auch mit Heißkleber befestigen. Wenn alle Pflanzen an ihrem Platz sind, die Zapfen, Pilze und Zweige anbringen.

3 Jeweils mehrere Zapfen mit Draht zusammenbinden, der am unteren Zapfenende zwischen den Schuppen durchgezogen wird. Vor dem Feststecken etwas Heißkleber am unteren Ende der Zapfen auftragen.

4 Die Pilze mit Heißkleber befestigen und kleine Büschel Zweige am Kranz feststecken.

KRÄUTERKRANZ

Hier besteht der Unterbau aus Weiden- oder sonstigen Zweigen, die zu einem Ring gebunden werden. Anschließend bindet man mit Kordel Kräutersträußchen daran fest, die dann zum Kochen wieder abgenommen werden können. Denken Sie jedoch daran, daß Kräuter, die direktem Sonnenlicht und Staub ausgesetzt sind, nicht so aromatisch sind wie solche, die man in verschlossenen Gläsern im Küchenschrank aufbewahrt.

OBEN: Kräuterkranz

RECHTS: Kranz mit Moosen und Zweigen

OBEN: Gewürzkranz

LORBEERKRANZ

So kann man auf hübsche Art und Weise Lorbeerblätter aufbewahren. Der unten abgebildete Kranz ist dekorativ, und die Lorbeerblätter sind stets zur Hand. Die frischen Blätter werden auf mit Kunststoff ummantelten Gartendraht aufgefädelt, der zu einem Kranz gebogen und mit einer Bastschleife verziert wird.

OBEN: Lorbeerkranz

GEWÜRZKRANZ

Um diesen farbenfrohen und aromareichen Kranz anzufertigen, biegt man verzinkten Draht zu einem Ring (Kleiderbügeldraht ist ideal) und fädelt Chillies und Orangenschale darauf. Diese lassen sich zum Kochen abbrechen, oder man hängt den Kranz ausschließlich zur Dekoration auf.

GIRLANDE AUS HOPFEN UND HORTENSIEN

Im Herbst wird der Hopfen für die Brauindustrie geerntet. Die langen Kletterpflanzen sehen getrocknet sehr hübsch aus und können als natürliche Girlanden dienen, mit denen sich Holzbalken oder

Friese von Geschirr- oder Kleiderschränken dekorieren lassen. Im Laufe des Jahres verblaßt die Farbe, und so werden die Ranken im darauffolgenden Herbst durch Hopfen neuer Ernte ersetzt. Da die Kletterpflanzen recht brüchig sind, sollte man sie vor dem Anbringen mit Wasser besprühen und über Nacht liegen lassen. Man kann sie einfach an Ort und Stelle befestigen oder an Sisalgarn binden, wie bei der hier gezeigten Girlande, zu deren Dekoration Hortensiensträuße mit Juteschleifen angebracht wurden. Mohnkapseln, rosarote Rosen und rosa Pfeffer sorgen für hübsche Farbtupfer.

RECHTS: Eine Hopfenranke, die mit Hortensien, Rosen, Beeren und Mohnkapseln dekoriert ist

Korb mit Trockenblumen

Im Sommer ist der Garten voller Blumen unterschiedlichster Farben und Formen, von denen sich viele trocknen lassen. Selbst Butterblumen, Kornblumen und Jungfer im Grünen kann man kopfüber an einem luftigen Platz trocknen. Ein Strauß davon auf der Anrichte ruft den vergangenen Sommer ins Gedächtnis zurück, und ein Korb voller Trockenblumen erinnert das ganze Jahr über an den blühenden Garten.

Das Geheimnis gelungener Trockenblumen-Arrangements liegt darin, die Form mit Trockensteckmasse festzulegen und die Blütenstengel kurz abzuschneiden, damit die Blumen eng nebeneinander stehen und sich die gewünschte Struktur ergibt. Wichtig ist auch, daß der Korb nicht ausschließlich mit Blumen gefüllt wird, die den Blick auf sich lenken, wie etwa Päonien und Rosen. Das Gesteck würde sich erheblich verteuern, und solche Blumen kommen auch weitaus besser zur Geltung, wenn sie zwischen schlichteren Pflanzen oder Grün stecken.

Trockenblumen sollten nicht direkt in der Sonne stehen, und es empfiehlt sich auch, hin und wieder den Staub mit dem kalten Fön wegzublasen. Trokkenblumen sollten jedes Jahr erneuert werden.

Rustikaler rechteckiger Korb, ungefähr 18 × 23 cm
2 Blöcke Trockensteckmasse
2 Enden Blumendraht
Heißkleberpistole und Kleberstäbchen (nach Belieben)
2 Sträuße hellgelbe Schafgarbe
1 Strauß rosarote Schafgarbe
2 Sträuße Färberdistel
6 blaßrosa Päonien
3 kirschrote Päonien
12 kirschrote Rosen

1 Einen Block Steckmasse für den Korb passend schneiden und den anderen als zweite Lage darauf setzen. Die Blöcke mit langen Klammern aus Blumendraht zusammenstecken oder mit Heißkleber aneinanderkleben.

2 An einer Seite des Korbes beginnend, das Arrangement mit einzelnen Pflanzengruppen oder mit Grün und dazwischengesteckten Päonien oder Rosengruppen aufbauen. Das Gesteck immer wieder aus der Entfernung begutachten, damit es einen harmonischen Aufbau erhält. Der Blick kann später auch von schräg unten auf die Trockenblumen fallen, deshalb in die Hocke gehen und überprüfen, ob am Korbrand keine Lücken entstanden sind, die mit Blumen ausgefüllt werden müssen.

OBEN: *Ein Blütenmeer mit großer Wirkung*

TROCKENGESTECK IM BLUMENTOPF

Ein alter Blumentopf ist ein ansprechendes Gefäß für ein kleines Trockengesteck. Ein Arrangement wie dieses eignet sich ideal für den Nachttisch im Gästezimmer oder als Geschenk für Freunde. Wie bei dem Korb (oben) wird die Form des Gestecks mit Trockensteckmasse festgelegt, die man so zurechtschneidet, daß sie kuppelförmig über den Topfrand

OBEN: Trockenblumen in einem Blumentopf

OBEN: Bei einem Trockengesteck sollten die Blüten in Gruppen arrangiert werden, damit Farbfelder entstehen.

ragt. Blumen mit sehr kurzen Stielen werden dann an ihren Platz gesteckt. Damit die Blumen nicht verrutschen, sollte man an der Basis etwas Heißkleber auftragen. Um das natürliche Aussehen zu unterstreichen, wurde bei diesem Arrangement Moos unter die Blumen gesteckt und am Topf festgeklebt.

Dekorationen aus der Natur und Vogelfutterkugeln

VOGELFUTTERKUGEL

Im Spätherbst und im Winter nehmen die Vögel im Garten gerne zusätzliches Futter an, das ihnen über die kalte Jahreszeit hilft, und wir erfreuen uns an ihrem Anblick, wenn sie regelmäßig das Vogelhäuschen aufsuchen. Futterkugeln bieten auch die Möglichkeit, alte Nüsse und Trockenfrüchte aufzubrauchen, bevor man ernsthaft mit der Weihnachtsbäckerei beginnt.

Zerlassenes Fett und Brotkrumen zu gleichen Teilen
Nüsse, Samen und Trockenfrüchte
Kordel
Getrocknete Aprikosen
Erdnüsse mit Schale

Das flüssige Fett mit den Brotkrumen verrühren und die Hälfte der Nüsse, Samen und Trockenfrüchte untermischen. Wenn die Mischung fest zu werden beginnt, eine Kugel daraus formen, durch deren Mitte eine nicht zu kurze Schnur verläuft. Die Futterkugel zum Festwerden in den Kühlschrank legen. Die verbliebenen Früchte, Samen und Nüsse auf ein Stück Zeitungspapier geben und die erstarrte Kugel so lange hin und her rollen, bis sie vollständig damit bedeckt ist. Ein Ende der Schnur zu einer Schlaufe binden und am anderen Ende Aprikosen und Erdnüsse auffädeln. Die Futterkugel an das Vogelhäuschen oder in einen Baum hängen.

OBEN: Herbstnüsse schmecken nicht nur gut, sie sind auch ein schöner Anblick.

FRÜCHTEBÄUMCHEN

Mit Glyzerin konservierte Blätter sind das Ausgangsmaterial für Formbäumchen aus Trockenpflanzen. Man kauft die Zweige präpariert oder macht sie selbst mit Glyzerin haltbar. Hier wurden die Blätter mit Draht zu Sträußen gebunden und zu einem dichten Kugelbäumchen arrangiert.

Gartenschere
3 Zweige mit Glyzerin konservierte Buchenblätter
Dicker Blumendraht

OBEN: Früchtebäumchen

Getrocknete Birnenscheiben
Kugel aus Trockensteckmasse, etwa 13 cm Durchmesser
Blumentopf, 18 cm hoch

Die Buchenblätter von den Zweigen schneiden und die Blattstiele einkürzen. Jeweils vier bis sechs Blätter mit Draht zusammenbinden und die Drahtenden zusammendrehen. Einen Blumendraht jeweils oben durch die Birnenscheiben ziehen und die Enden zusammendrehen. Dann den sichtbaren Teil der Steckmasse vollständig mit Buchenlaub bedecken und die Birnenscheiben dazwischenstecken.

RECHTS: Futterkugeln wie diese sind ein Leckerbissen für die Vögel im Garten.

JAHRESZEITLICHE FESTE

Ideen und Anregungen für Rezepte und Dekorationen, mit denen sich ländliche Feste verschönern lassen

Der Lauf der Jahreszeiten

Auf dem Lande wird der Lauf der Jahreszeiten schon immer von Feiern und Festen begleitet. Seit frühester Zeit, als diese Riten Anrufungs- und Opferzeremonien für die Götter waren – damit die Sonne nach den langen Wintermonaten zurückkehrte, im Frühjahr Regen fiel, die Ernte reichlich war und sicher eingebracht wurde –, haben die Landbewohner eine enge Beziehung zu den Jahreszeiten, wissen sie doch, daß jeder Monat seine besonderen Aufgaben mit sich bringt und die Zeit klug genutzt sein will, um alles rechtzeitig zu bewerkstelligen.

Die wichtigsten Feste, die wir begehen, sind eine Mischung aus solch frühen heidnischen Riten und christlichen Festtagen, die sich herausbildeten, als die Kirche erkannte, daß sich die alten Bräuche nicht unterdrücken ließen. Und so wurden Teile davon in die christlichen Feste übernommen.

Unabhängig davon, ob wir diese Feste nun auf christliche oder auf säkulare Weise begehen wollen, besteht ein tiefes instinktives Bedürfnis, den Wechsel der Jahreszeiten hervorzuheben und zu feiern. Kaum einer bleibt ungerührt, wenn der Frühling einzieht und neues Leben in einer scheinbar kalten, unwirtlichen Umgebung entsteht. Innerhalb weniger Wochen verwandelt sich die nackte braune Erde in ein Farbenmeer aus jungen Pflanzen, die allerorten sprießen und mit beinahe ungebührlicher Geschwindigkeit blühen. Kein Wunder, daß die Kirche versuchte, mit beschaulichen Zeremonien das Gefühl der aufsteigenden Lebenssäfte und der zügellosen Vermehrung zu dämpfen. Im Christentum gelten die Wochen vor Ostern als eine Zeit der Entsagung und Besinnung, doch gipfeln sie in einem großartigen Fest der Auferstehung, für das es keinen besseren Zeitpunkt als den Frühling geben könnte, wenn die Wiederkehr des Lebens überall in der Natur sichtbar wird.

OBEN: Zu Sommerfesten gehören Mahlzeiten im Freien und Speisen mit köstlichen aromatischen Kräutern, die in dieser warmen Jahreszeit üppig sprießen.

Nur wenige feiern heutzutage den ersten Mai oder den Johannistag, wie dies früher auf dem Lande üblich war. Statt dessen nutzen wir die Sommermonate eher für persönliche Feste, wie Taufen und Hochzeiten, oder für den jährlichen Sommerurlaub, der unseren Vorfahren fremd war.

Der Herbst bringt das Erntedankfest, das auf dem Lande eine wirkliche Bedeutung hat. Die Bauern verspüren Erleichterung und Stolz, wenn das letzte Getreide eingefahren ist, Heu und Stroh gepreßt und eingelagert und die Feldfrüchte geerntet sind. Selbst den Stadtbewohnern entgeht nicht, daß die Marktstände einem Kaleidoskop sonnengereifter Produkte gleichen, und auch die Schulen in der Stadt nehmen das Erntedankfest zum Anlaß, die Kinder mit dem Kreislauf der Jahreszeiten vertraut zu machen. In Nordamerika feiert man den *Thanksgiving Day*, der seinen Ursprung im europäischen Erntedankfest hat, aber heute ein nationaler Feiertag ist, an dem weitverstreute Familien zusammenkommen, um gemeinsam zu feiern und ein festliches Mahl einzunehmen.

LINKS: Die ersten Frühlingsblumen sind die Vorboten der wiedererwachten Natur. Mit ihren kräftigen Farben und dem intensiven Duft künden sie nach dem langen dunklen Winter die Rückkehr der wärmenden Sonne und des blauen Himmels an.

Halloween ist ein Fest von vorwiegend heidnischer Prägung. Seine Ursprünge sind druidischer Natur, und obwohl man ihm durch den darauffolgenden Allerheiligentag einen christlichen Anstrich gegeben hat, gilt *Halloween* allgemein als die Nacht, in der die Toten als Geister erscheinen und Unheil treiben. Die Mischung aus Spaß und Furcht ist für Kinder ein wundervolles Erlebnis.

Der Einbruch des Winters, mit seinen kurzen Tagen und langen Nächten, ließe sich ohne die Vorfreude auf das festliche Weihnachten nur schwer ertragen. In der dunkelsten Zeit des Jahres feiern wir ein Fest mit leuchtenden Kerzen, vergnügter Stimmung, gutem Essen und netter Gesellschaft. Für die Menschen auf dem Lande ist es eine Zeit, in der dank der guten Vorbereitung in den vorausgehenden Monaten Zeit und Muße zum Entspannen und für das Gesellschaftsleben bleibt – eine willkommene Unterbrechung der harten Alltagsarbeit, wo jeder von uns das Ende des alten Jahres und den Beginn des neuen auf seine ganz eigene Weise feiert.

OBEN: Die Birnen, Holzäpfel und anderen Früchte, die im Herbst geerntet und eingelagert werden, bergen das köstliche Aroma und die leuchtende Farbe der Sommersonne in sich.

RECHTS: Der harzige Geruch von Tannenzweigen und Zapfen durchdringt das gesamte Haus, wenn die Vorbereitungen für das nahende Weihnachtsfest getroffen werden.

Ostern

Ostereier und der Osterhase sind beides vorchristliche Fruchtbarkeitssymbole, die Teil unseres heutigen Osterfestes geworden sind. In manchen ländlichen Gegenden ist es noch heute Brauch, gefärbte Eier einen Berg hinunterrollen zu lassen, was die Rückkehr der Sonne oder das Wegrollen des Steins vor dem Grab Christi symbolisieren soll.

FRÜCHTEKUCHEN MIT MARZIPAN

Nach der Hälfte der Fastenzeit war es Brauch, einen solchen Früchtekuchen zu backen, mit dem am Ostertag das Ende der Fastenzeit gefeiert wurde. Ich kann mich nicht erinnern, daß wir in unserer Familie gefastet hätten, aber wir liebten Mutters Früchtekuchen, der zusammen mit den traditionellen Rosinenbrötchen ein fester Bestandteil unseres Osterfestes war.

Für 8 bis 12 Personen
225 g Mehl
1 Prise Salz
115 g Sultaninen
50 g gehackte Mandeln
50 g gehackte Walnüsse
40 g kandierte Zitrusschale
Abgeriebene Schale von 1/2 unbehandelten Zitrone
75 g kandierter Ingwer, gehackt
175 g Belegkirschen, in Viertel geschnitten
200 g Butter
175 g Zucker
4 Eier
5 ml/1 TL naturreine Vanille-Essenz
30 ml/ 2 EL Weinbrand
Aprikosenmarmelade, durch ein Sieb gestrichen
500 g Marzipan
Lebensmittelfarbe (nach Belieben)

OBEN: Früchtekuchen mit Marzipan

Den Backofen auf 160 °C vorheizen. Das Mehl mit dem Salz in eine Schüssel sieben. Sultaninen, Nüsse, kandierte Zitrusschale, abgeriebene Zitronenschale, Ingwer und Kirschen dazugeben und alles gründlich durchheben, bis die Zutaten mit Mehl überzogen sind.

Die Butter mit dem Zucker schaumig schlagen. Einzeln die Eier unterrühren, dann die Vanille-Essenz hinzufügen. Nach und nach die Mehl-Früchte-Mischung unterrühren und zuletzt den Weinbrand dazugeben. Den Teig in eine 20 cm große Springform füllen und 1 Stunde backen. Dann auf 150 °C herunterschalten und den Kuchen noch 1 Stunde backen.

Den Früchtekuchen vollständig abkühlen lassen und 4 bis 6 Tage in einer Dose aufbewahren. Zum Dekorieren den Kuchen zunächst mit Aprikosenmarmelade bestreichen. Dann die Marzipanmasse ausrollen und passend schneiden. Den Kuchenrand mit einem Marzipanzopf verzieren und in die Mitte einige Marzipaneier legen. Die Marzipaneier nach Belieben mit Lebensmittelfarbe einfärben.

RECHTS: Köstlichkeiten zum Osterfest

ROSINENBRÖTCHEN

Die Brötchen duften herrlich, wenn man frisch gemahlene Gewürze verwendet.

Ergibt 20 bis 24 Stück
250 g griffiges Mehl
250 g Weizenvollkornmehl
1 TL Salz
2 TL süße Gewürzmischung (siehe Seite 46)
50 g Butter
15 g Trockenhefe
50 g brauner Zucker
275 ml warme Milch
2 Eier, verschlagen
115 g Korinthen
Teigreste für die Kreuze
GLASUR:
30 ml/2 EL Milch
2 EL Zucker

Mehl, Salz und Gewürze in eine Schüssel sieben und die Butter mit den Fingerspitzen unterarbeiten. Die Hefe mit 1 TL Zucker und etwas Milch anrühren. In das Mehl eine Mulde drücken und die angerührte Hefe, die Eier und die restliche Milch hineingeben. Von Hand zu einem festen Teig verarbeiten. Die Korinthen hinzufügen. Zugedeckt etwa 2 Stunden gehen lassen, bis der Teig sein Volumen verdoppelt hat.

Den aufgegangenen Teig kurz durchkneten, dann zu 20–24 Brötchen formen. Die Rosinenbrötchen auf ein eingefettetes, bemehltes Backblech legen. Zudecken und gehen lassen, bis die Brötchen ihr Volumen verdoppelt haben. Auf jedes Brötchen ein Kreuz aus Teig legen; den Teig vorher anfeuchten, damit er gut haftet. Die Brötchen in den auf 190 °C vorgeheizten Backofen schieben und 15–20 Minuten backen. Für die Glasur Milch und Zucker zu einem Sirup kochen und die noch heißen Rosinenbrötchen damit bestreichen.

BUNTE OSTEREIER

Dies ist eine Beschäftigung für die ganze Familie, und obwohl Kinder wohl lieber Schokoladeneier essen, finden sie das Färben und Verzieren von Eiern aufregend und unterhaltsam. Wer selbst Hühner hält, sollte ein paar dieser bunten Eier am Ostermorgen in die Nester legen und Kinder zum Eierholen schicken – eine aufregende Überraschung.

Hartgekochte Eier
Kerze, Wachsmalkreide oder ein Stück Bienenwachs
Verschiedene Farben (Lebensmittelfarbe, Kurkuma, Spinat, Zwiebelschalen und Rote Beten)

1 Mit einer Kerze, Wachsmalkreide oder einem Stück Bienenwachs beliebige Muster auf die hartgekochten Eier malen.

2 Die Eier weitere 5 Minuten im gewünschten Farbbad kochen.

3 Die Eier mit Küchenkrepp trockentupfen.

LINKS: Ein Korb voller bunter Ostereier

RECHTS: Kinder lieben das Bemalen und Färben von Eiern.

ANDR

Halloween

Die Speisen und Dekorationen für *Halloween* spiegeln die Atmosphäre des Festes wider: Die Dekorationen sorgen für unheimliche Stimmung, die Speisen für Behaglichkeit. Kürbisse spielen die wichtigste Rolle. Sie werden in leuchtende Laternen verwandelt, und aus ihrem Fleisch bereitet man Suppen, Kuchen und Krapfen zu. Die Kinder schneiden grinsende Fratzen in die Kürbisse und stellen sie als Laternen auf die Fensterbank, während man für eine Tischdekoration Keksausstecher nehmen und den Kürbis mit einem Sternenmuster versehen kann.

KÜRBISKUCHEN

Eine dänische Freundin gab mir dieses Rezept für einen feinen Kürbiskuchen.

Für 8 Personen
450 g Kürbisfleisch
175 g brauner Zucker
175 ml Milch
4 Eier
250 ml Crème double
50 ml Weinbrand
2 TL gemahlener Zimt
1/2 TL gemahlener Ingwer oder geriebene Muskatnuß
1/2 TL Salz
Obstkuchen-Backform (25 cm) mit Mürbeteig ausgelegt, kalt gestellt

Oben: Kürbiskuchen

1 Das Kürbisfleisch in kleine Würfel schneiden.

2 Die Stücke ungefähr 10–15 Minuten dämpfen, bis sie vollkommen weich sind. Dann – am besten über Nacht – abtropfen lassen.

3 Den Backofen auf 180 °C vorheizen. Das Kürbisfleisch zusammen mit den übrigen Zutaten in der Küchenmaschine glatt pürieren. Auf dem vorbereiteten Mürbeteigboden verteilen und 1 1/4 Stunden backen.

Oben: Farbenfrohe Kürbisse

KÜRBISKRAPFEN

Diese saftigen und köstlichen Krapfen schmecken am besten, wenn man sie warm ißt und dick mit Zucker und Zimt bestreut.

Ergibt 16 bis 20 Stück
75 g Sultaninen
Weinbrand (nach Belieben)
450 g Kürbisfleisch, gegart und abgetropft
50 g Mehl, zweimal gesiebt
1 EL Demerara-Zucker
1/2 TL Backpulver
1 Prise Salz
Abgeriebene Schale von 1 unbehandelten Zitrone
Öl zum Fritieren

Die Sultaninen etwa 15 Minuten in warmem Wasser oder Weinbrand einweichen, dann gründlich abtropfen lassen. Das Kürbisfleisch mit dem Mehl, Zucker, Backpulver, Salz und der Zitronenschale in die Küchenmaschine geben und glatt pürieren. Die Sultaninen unterheben, so daß gleichzeitig Luft im Teig eingeschlossen wird. Das Öl in einer Bratpfanne erhitzen und walnußgroße Krapfen hineingeben. Die Krapfen kurz fritieren, bis sie leicht gebräunt sind; zwischendurch einmal herumdrehen.

OBEN: Zum Halloween-Fest: ein einladender Tisch mit Kerzen und Laternen

Erntedankfest

Während unser europäisches Erntedankfest im allgemeinen am ersten Sonntag im Oktober stattfindet, feiert man in Amerika am vierten Donnerstag im November den *Thanksgiving Day*, ein großes Familienfest. Dennoch sind viele Bräuche und Symbole der beiden Feste weitgehend identisch. Im Mittelpunkt steht der Dank für das erfolgreiche Einbringen der Ernte.

DEKORATIVE GETREIDEGARBE

In heidnischer Zeit diente eine geschmückte Getreidegarbe im Miniaturformat als Opfergabe an die Götter; heute ist es lediglich ein hübscher rustikaler Zimmerschmuck.

Früher war es üblich, aus der letzten Getreidegarbe, die eingebracht wurde, ein schönes Gebinde für das Erntemahl anzufertigen und es bis zur nächsten Ernte im Haus aufzustellen. Viele dieser Gebinde waren überaus kunstvoll, und jede Familie hatte ihre eigene Gestaltungsweise.

OBEN: Ein halbrundes Zinngefäß mit Weizen

Die hier gezeigte Garbe läßt sich recht einfach anfertigen, bedarf zur Herstellung allerdings ein wenig Geduld. Sie wird aus Weizen gebunden, den man bei einem Trockenblumenlieferanten beziehen kann.

4 Bund Weizen
Birkenzweige
Schnur

Ein Bund Weizen öffnen und die Halme auf eine Höhe bringen. Sobald das Ergebnis zufriedenstellend ist, die Halme auf halber Höhe fest zusammenbinden. Mit zwei weiteren Bunden ebenso verfahren und alle drei Bunde dann zu einem großen Strauß zusammenbinden. Das verbliebene Bund als äußere Schicht der Garbe verwenden und festbinden. Das untere Ende der Ähren geradeschneiden, so daß die Garbe aufrecht steht. Die Birkenzweige um die Garbe winden und festbinden.

ÄHRENHERZ

Zur Erntezeit, wenn es den goldgelben Weizen im Überfluß gibt, läßt sich diese hübsche Dekoration anfertigen, die das ganze Jahr hindurch eine Wand oder einen Kleiderschrank zieren kann. Trotz des filigranen Aussehens ist das Herz doch recht robust und hält oft viele Jahre.

Schere
Dicker Gartendraht
Blumenband
Blumendraht
Großes Bund Weizenähren (vom Trockenblumenlieferanten oder beim Bauern erfragen)

OBEN: Ährenherz

Drei lange Stücke dicken Draht zu einer Herzform biegen. Die Enden an der unteren Spitze zusammendrehen. Das Drahtherz mit Blumenband umwickeln. Mit Blumendraht so viele kleine Ährensträuße binden, daß sich das Herz vollständig damit bedecken läßt. An jedem Sträußchen ein kurzes Drahtende stehen lassen, um es an der Herzform befestigen zu können.

Das erste Ährensträußchen am unteren Ende des Herzes mit Band befestigen. Das zweite Sträußchen etwas weiter oben hinter das erste stecken und festbinden. Auf diese Weise die gesamte Herzform mit Ährensträußchen bedecken. Für den unteren Teil ungefähr sechs Sträußchen mit Draht binden, die Drähte zusammendrehen, an der Herzform befestigen und mit Band umwickeln.

RECHTS: Eine attraktive Getreidegarbe, die in der Mitte mit Birkenzweigen umwickelt ist

ERNTEBROT

Am Erntedankfest, am ersten Sonntag im Oktober, liegt neben Obst, Gemüse und anderen Gaben der Gemeindemitglieder traditionell auch ein kunstvoll hergestelltes Erntebrot auf dem Altar. Früher kam es zwischen benachbarten Kirchengemeinden alljährlich zu einem Wettstreit um das schönste Erntebrot. Obwohl es viele verschiedene Motive gab, war das der Korngarbe doch am beliebtesten, symbolisierte sie doch sowohl die erfolgreiche Ernte wie auch die Bedeutung von Brot als Nahrung.

OBEN: Die beiden Teile des Erntebrots sind durch einen Zopf miteinander verbunden.

Ergibt zwei Brote (je 750 g)
1,5 kg griffiges Mehl
6 TL Salz
15 g Trockenhefe
Zucker zum Anrühren der Hefe
Verschlagenes Ei zum Bestreichen

Das Mehl mit dem Salz in eine Schüssel sieben und in die Mitte eine Mulde drükken. Die Trockenhefe mit 100 ml/7 EL warmem Wasser und etwas Zucker anrühren und 15 Minuten gehen lassen. Die angerührte Hefe und 750 ml Wasser zum Mehl geben und alles gründlich mit den Händen vermengen. Den Teig auf der bemehlten Arbeitsfläche durchkneten, bis er geschmeidig ist. Dann den Hefeteig in eine mit Öl eingefettete Schüssel legen und zugedeckt an einen warmen Ort stellen. Den Teig 1–2 Stunden gehen lassen, bis sich sein Volumen verdoppelt hat. Den Backofen auf 220 °C vorheizen.

Durch den hohen Salzgehalt läßt sich der Teig leicht verarbeiten, doch eignet sich das fertige Brot mehr zur Dekoration als zum Verzehr.

DAS BROT FORMEN

1 Etwa 225 g Hefeteig zu einer ungefähr 30 cm langen, schmalen Teigplatte ausrollen. Den ausgerollten Teig auf ein großes eingeöltes und mit Mehl bestäubtes Backblech legen und leicht mit der Hand flach drücken. Dies ist der lange untere Teil des traditionellen Erntebrotes, der die Getreidehalme symbolisieren soll.

2 Vom verbliebenen Teig ungefähr 350 g abnehmen. Das Stück in die Form eines Halbmonds ausrollen und oberhalb des ersten Stücks auf das Backblech legen. Den restlichen Teig halbieren. Eine Portion nochmals halbieren. Die eine Hälfte zu dünnen, langen Rollen formen und als Getreidehalme auf den »Stamm« der Garbe legen. Aus der zweiten Hälfte einen dicken Zopf flechten, der die beiden Brotteile miteinander verbindet.

3 Den verbliebenen Hefeteig für die Getreideähren nehmen. Dazu kleine Rollen formen und jede mehrmals mit der Schere einschneiden, um ihnen so das Aussehen von kräftigen Kornähren zu verleihen. Die Teigstücke fächerförmig auf den Halbmond und den Zopf zwischen die Halme und die Ähren legen. Den Teig mit dem verschlagenen Ei bestreichen. 20 Minuten backen, dann die Temperatur auf 160 °C herunterschalten und das Brot weitere 20 Minuten backen.

RECHTS: Erntebrot

MAISBROT MIT KRÄUTERN

Maisbrot ist ein köstliches, saftiges, kuchenähnliches Brot, das in den USA zum *Thanksgiving* gegessen wird, weil Mais dort eine große Rolle in der Ernährung spielt. Dieses Maisbrot mit Kräutern eigener Wahl ist eine leckere Variante, die es verdient, mehr als nur einmal im Jahr gegessen zu werden.

Ergibt 16 Quadrate von 5 cm Größe
165 g Mehl
125 g gelbes Maismehl
65 g Zucker
1 EL Backpulver
3/4 TL Salz
250 ml Milch
1 großes Ei
2 EL Butter, zerlassen und abgekühlt
2 EL fein gehackte frische Kräuter

Den Backofen auf 220 °C vorheizen. Alle trockenen Zutaten in eine Schüssel sieben. In einer zweiten Schüssel Milch, Ei, Butter und Kräuter verschlagen. Die flüssigen Zutaten unter die trockenen Zutaten rühren. Eine flache quadratische Backform von 20 cm Größe mit Butter einfetten und den Teig hineingeben. Das Maisbrot 15 Minuten backen, bis es aufgegangen und goldgelb ist. Mit einem Spießchen kontrollieren, ob es auch in der Mitte durchgebacken ist. In Quadrate schneiden und warm servieren.

OBEN: Maisbrot mit Kräutern

PREISELBEERKUCHEN MIT SULTANINEN UND WALNÜSSEN

Dieser Kuchen ist das ideale Dessert für alle, die Preiselbeeren zwar nicht übermäßig mögen, aber meinen, daß sie zum Erntedankfest einfach dazugehören.

Für 6 bis 8 Personen
225 g frische Preiselbeeren
250 g Sultaninen
115 g gehackte Walnüsse
115 g Demerara-Zucker
50 ml Ahornsirup
15 ml/1 EL Weinbrand
Abgeriebene Schale von 1 unbehandelten Orange
Obstkuchen-Backform (25 cm Durchmesser), mit Mürbeteig ausgelegt, kalt gestellt
25 g kalte Butter, in Würfel geschnitten

Den Backofen auf 220 °C vorheizen und ein Backblech hineinschieben, damit es ebenfalls heiß wird. Die Preiselbeeren und Sultaninen in einer Schüssel vermischen. Die übrigen Zutaten – mit Ausnahme der Butter – hinzufügen und alles zusammen gründlich durchheben. Die Mischung auf dem vorbereiteten Mürbeteigboden verteilen und die Butterstückchen darauf setzen. Die Form auf das heiße Backblech stellen und den Kuchen 15 Minuten backen. Dann auf 180 °C herunterschalten und den Kuchen noch einmal 30 Minuten backen.

PREISELBEER-ORANGEN-SAUCE

Preiselbeeren werden in der Neuen Welt viel verwendet, und diese Sauce, die man am *Thanksgiving*-Fest zum Truthahn reicht, ist dort ebenfalls zu einem festen Bestandteil des traditionellen Weihnachtsessens geworden.

OBEN: Zu den Zutaten für den Preiselbeerkuchen mit Sultaninen und Walnüssen gehört auch Orangenschale mit ihrem herben Geschmack.

Ergibt 500 g
225 g frische Preiselbeeren
175 ml frisch gepreßter Orangensaft
115 g Zucker
30 ml/2 EL Grand Marnier
1 TL abgeriebene Orangenschale

Die Preiselbeeren etwa 5 Minuten im Orangensaft kochen, bis sie weich sind. Dann von der Kochstelle nehmen und die übrigen Zutaten hinzufügen. Die Sauce in saubere, trockene Gläser füllen und die Gläser verschließen. Bis zur Verwendung im Kühlschrank aufbewahren.

Die Preiselbeeren dürfen keinesfalls zu lange kochen, was nur allzu leicht passiert, da sie sonst einen unangenehmen, bitteren Geschmack bekommen.

RECHTS: Das Vorratsregal ist gefüllt mit köstlichen Speisen zum Erntedankfest.

Weihnachten

Die meisten von uns sehnen sich nach einem althergebrachten ländlichen Weihnachtsfest, auch wenn sie ihr Leben lang in der Stadt gewohnt haben. Jedes Jahr denken wir voller Optimismus, das diesjährige Weihnachtsfest werde perfekt sein – und in seltenen Fällen ist es auch so. Ein wohlgefüllter Tisch entsteht ohne Streß und Hektik, der Baum sieht prachtvoll aus, die Verwandten mögen sich, und die Kinder haben glühende Gesichter vor Erstaunen und Entzücken. Eines der Geheimnisse für ein freudvolles Weihnachtsfest besteht darin, nicht alles tun zu wollen. Weihnachten soll ein Fest für alle sein, auch für den Organisator, und einige gut gemachte Dinge sind allemal besser als eine erschöpfte und reizbare Hausfrau.

OBEN: Ein Weihnachtskranz entsteht.

EIN RUSTIKALER WEIHNACHTSKRANZ

Ein farbenfroher, einladender Kranz, der an der Tür aufgehängt wird, stimmt auf Weihnachten ein. Die natürlichen Materialien sehen herrlich aus, und die angedrahteten Schleifen halten auch schlechten Witterungsbedingungen stand. Die rustikalen Sisalschleifen sind ein interessanter Kontrast zu den feinen, glänzenden Stoffschleifen.

Blumendraht
Drahtklammern
Strohring (etwa 30 cm im Durchmesser)
Moos
Edeltanne
12 lange Zimtstangen
6 große Zapfen
3 m breites Band aus glänzendem Stoff
9 Mohnkapseln
Sisalschnur

1 Aus einem kurzen Stück Draht eine stabile Schlaufe zum Aufhängen am Kranz anbringen. Den Strohring mit Moos umkleiden; das Moos mit Drahtklammern feststecken.

2 Das Tannengrün in kurze Zweige schneiden und am Kranz feststecken.

3 Die Zimtstangen zu drei Bündeln zusammendrahten und mit Klammern am Kranz feststecken. Am unteren Ende der Zapfen Draht zwischen den Schuppen durchziehen und die Zapfen neben den Zimtstangen am Kranz feststecken.

Das Stoffband in drei Stücke schneiden und jeweils mit Draht zu einer Doppelschleife zusammennehmen. Die Schleifen über den Zimtstangen und den Zapfen am Kranz befestigen. Die Mohnkapseln in die Falten der Schleifen stecken. Drei Schleifen aus Sisalschnur binden, die Schnur an den Enden ausfransen und die Schleifen am Kranz feststecken.

RECHTS: Zarte Blau- und Grüntöne geben diesem Weihnachtskranz ein skandinavisches Aussehen.

GLÜHWEIN

In früheren Zeiten, als man seinen Nachbarn zu Pferde oder in zugigen Kutschen einen Weihnachtsbesuch abstattete, war Glühwein ein beinahe unerläßliches Stärkungsmittel für den Kreislauf. Heute können sich die meisten von uns unter wärmeren und bequemeren Bedingungen fortbewegen, aber der Geschmack und das Aroma dieses heißen Getränks gehören weiterhin zum Weihnachtsfest.

Für 10 Personen
2 Flaschen lieblicher Rotwein
1/2 TL ganze Pimentkörner
mehrere Stangen Zimt
6 Nelken
115 g Zucker
6 Tropfen Angostura-Bitter
Schale von 1/2 unbehandelten Orange

Alle Zutaten in einen Topf geben und behutsam erhitzen, bis sich der Zucker aufgelöst hat. Nicht zum Kochen kommen lassen!

EGGNOG

Dieses herrliche Weihnachtsgetränk ist aus unerfindlichen Gründen in Amerika weitaus beliebter als bei uns.

Für 6 Personen
6 große Eier, getrennt (mit Raumtemperatur)
200 g Zucker
300 ml Weinbrand
50 ml Rum
500 ml Milch
120 ml Crème double
15 ml/1 EL naturreine Vanille-Essenz
Salz
Frisch geriebene Muskatnuß

Das Eigelb mit dem elektrischen Handrührgerät zu einer hellen Masse schlagen. Nach und nach den Zucker untermischen, bis die Masse eindickt. Dann Weinbrand, Rum, Milch, Sahne und Vanille-Essenz unterschlagen. In einer zweiten Schüssel das Eiweiß mit einer Prise Salz schlagen,

OBEN: Der heiße Glühwein setzt den Duft der Zimtstangen frei.

bis weiche Spitzen stehen bleiben. Den Eischnee unter die Eigelbmischung heben und alles behutsam in eine Servierschüssel gießen. Für 3 Stunden kalt stellen. Vor dem Servieren den Eggnog behutsam durchrühren und etwas Muskat darüber reiben.

BUTTERGROG

Dieser Grog ist eine köstliche Alternative zu Glühwein und wärmt den Körper bis in die Fingerspitzen auf.

Für 6 Personen
4 Stangen Zimt
4 TL brauner Zucker
120 ml Rum
600 ml Apfelwein
25 g Butter
Schale von 1/2 unbehandelten Zitrone
1/2 TL gemahlene Muskatblüte

Vier Tee- oder Groggläser vorwärmen. In jedes Glas eine Zimtstange, 1 TL Zucker und ein Viertel des Rums geben. Den Apfelwein erhitzen, ohne daß er zum Kochen kommt, und in die Gläser gießen. Etwas Butter, einen Streifen Zitronenschale und etwas Muskatblüte dazugeben.

GLÖGG

Glögg ist ein hochprozentiges heißes Getränk, das einer Feuerzangenbowle ähnelt und sich besonders gut für Weihnachtspartys eignet. Bei der Zubereitung und beim Trinken ist allerdings Vorsicht geboten.

Für 6 bis 8 Personen
4 ganze Pimentkörner
Ein Stück Nessel
4 Kardamomkapseln
1 Stange Zimt
10 getrocknete Aprikosen, halbiert
2 Flaschen trockener Rotwein
225 g Würfelzucker
600 ml Aquavit oder Wodka, angewärmt
300 ml Cognac, angewärmt
Ungesalzene Nüsse
Rosinen

Die Gewürze in ein Stück Nessel binden und mit den Aprikosen und dem Wein in einem Topf erhitzen. Wenn der Wein zu köcheln beginnt, das Gewürzsäckchen herausnehmen und den Wein in eine vorgewärmte feuerfeste Schüssel gießen. Über die Schüssel ein Kuchengitter aus Metall legen. Den Würfelzucker auf dem Drahtgitter zu einer standfesten Pyramide aufschichten. Langsam den vorgewärmten Aquavit oder Wodka darüber gießen und vorsichtig anzünden. Dann den Cognac darauf gießen. Eine andere Möglichkeit ist es, den Aquavit oder Wodka im Topf zu entzünden und ihn dann vorsichtig mit einer Kelle über den Zucker zu schöpfen. Der Zucker schmilzt durch den brennenden Alkohol und tropft durch das Drahtgitter in die Schüssel. Wenn die Flammen erloschen sind, den Glögg mit einigen Nüssen und Rosinen in feuerfeste Gläser oder Becher füllen. Darauf achten, daß jede Portion eine halbe Aprikose enthält.

RECHTS: Die kräftigen Weihnachtsfarben werden durch die Gläser mit Glühwein verstärkt, der den Gästen als Willkommenstrunk gereicht wird.

KUCHEN MIT FRISCHEN DATTELN

Dieser wundervolle Kuchen, der kein Fett enthält, ist eine köstliche, leichte Alternative zu den üblichen schweren Weihnachtstorten und -kuchen. Er schmeckt gut zu einer Tasse Tee – selbst nach einem opulenten Weihnachtsmahl.

Ergibt einen Kastenkuchen von 1 kg Gewicht
350 g frische Datteln
125 g Belegkirschen
125 g Mehl, mit etwas Backpulver vermischt
125 g Zucker
1/2 TL Salz
225 g grob gehackte Paranüsse
25 g geraspelte frische Kokosnuß oder getrocknete Kokosraspel
1 großes Ei
30 ml/2 EL Weinbrand

OBEN: Gefüllte Datteln

Den Backofen auf 150 °C vorheizen. Die Haut der Datteln abziehen, die Früchte halbieren und die Kerne entfernen. Die Belegkirschen waschen, um den Zucker zu entfernen, und dann in Viertel schneiden. Das Mehl mit dem Zucker und dem Salz in eine große Rührschüssel sieben. Früchte, Nüsse und Kokosraspel dazugeben und alles gründlich durchheben, damit die Zutaten gut von Mehl überzogen sind. Das Ei mit dem Weinbrand verschlagen, mit in die Schüssel geben und gründlich untermischen.
Den Teig in eine gefettete und mit Backpapier ausgelegte 1-kg-Kastenform füllen und den Kuchen 1 1/4 Stunden backen.

KUMQUATS UND LIMEQUATS IN WEINBRANDSIRUP

Die gelben und grünen Früchte sehen nicht nur hübsch aus, sondern schmecken auch sehr gut. Bereiten Sie einige Gläser als Geschenk für Freunde und Verwandte zu, und gönnen Sie sich selbst einige der eingelegten Früchte zu einer Portion Vanille-Eiscreme.

Ergibt 500 g plus Sirup
450 g Kumquats und Limequats
175 g Zucker
150 ml Weinbrand
1 EL Orangenblütenwasser

Jede Frucht mehrmals mit einem Holzspießchen einstechen. Den Zucker bei schwacher Hitze in 300 ml Wasser auflösen, dann zum Kochen bringen. Die Früchte hinzufügen und ungefähr 25 Minuten köcheln lassen, bis sie weich sind. Die Früchte abgießen und in heiße, sterilisierte Gläser füllen. Der Sirup sollte recht dickflüssig sein; ist dies nicht der Fall, die Flüssigkeit noch einige Minuten einkochen, dann kurz abkühlen lassen. Den Weinbrand und das Orangenblütenwasser dazugeben. Die Früchte mit dem Sirup übergießen und die Gläser sofort verschließen. An einem kühlen Ort aufbewahren und innerhalb von sechs Monaten aufbrauchen.

OBEN: Kumquats und Limequats in Weinbrandsirup

GEFÜLLTE DATTELN

Kandierter Ingwer gibt diesen Datteln, die mit Marzipan gefüllt und mit Walnußhälften belegt sind, eine besondere Note. Sie schmecken köstlich zu einer Tasse Kaffee. Hübsch verpackt sind sie ein außergewöhnliches Geschenk.

Ergibt 24 Stück
24 frische Datteln
50 g kandierter Ingwer
115 g Marzipan
24 Walnußhälften

Die Datteln mit einem scharfen Messer der Länge nach aufschneiden und vorsichtig den Kern entfernen. Den Ingwer in kleine Stücke schneiden und unter das Marzipan kneten. In jede Dattel ein walnußgroßes Stück Ingwermarzipan stecken und eine Walnußhälfte darauf legen. Die gefüllten Datteln im Kühlschrank aufbewahren und innerhalb von einer Woche verzehren.

RECHTS: Selbst gemachte Leckereien sind als Weihnachtsgeschenk stets willkommen.

JAHRESZEITLICHE ARBEITEN

Wichtige Tips und Hinweise zu Arbeiten,
die im Laufe des gesamten Jahres anfallen

Frühling

Der Frühling ist die Jahreszeit neuen Wachstums – von aromatischer Minze, breitblättrigem Sauerampfer und zarten Schnittlauchhalmen, mit denen man jungen Salat garniert oder junges Gemüse verfeinert, das frisch geerntet und für die Wintermonate eingelegt wird. Es ist die Zeit köstlicher Buttermischungen, die über gegrilltes Gemüse und Fisch geträufelt werden, aromatisierter Öle und Essige sowie herrlicher Blütenliköre. Es ist die Jahreszeit jugendlicher Kraft; alles ist grün und blütengelb, und ein klarer, frischer Duft liegt in der Luft. Es ist eine Zeit der Erneuerung, in der es uns zum Frühjahrsputz drängt, weil die unverhüllten Fenster staubige Ecken offenbaren, und in der wir unsere empfindliche, vom Winter ausgetrocknete Haut mit Nährcremes pflegen, bevor wir sie der wärmenden Sonne aussetzen.

IM GARTEN

- Das Gewächshaus und das Frühbeet säubern: die Scheiben putzen und alle abgestorbenen oder verwelkten Pflanzen entfernen.
- Blumen, Gemüse und Kräuter aussäen; Salat alle 2 Wochen nachsäen.
- Frühe Kräuter für Salate oder zum Aromatisieren von Öl und Essig verwenden.
- Frühkartoffeln ernten.

IN DER SPEISEKAMMER

- Da sich die Speisekammer vermutlich weitgehend geleert hat, bietet sich die Gelegenheit, die Regale abzuwischen und überlagerte Vorräte auszusortieren.
- Sämtliche leeren Gläser und Flaschen zusammensuchen und kontrollieren, ob alle Deckel vorhanden sind. Gummiringe und Verschlüsse nötigenfalls ersetzen.
- Junges Gemüse mit Kräutern neuer Ernte einlegen.
- Aromatisierte Öle und Essige sowie Senf herstellen.

IM BADEZIMMER

- Das Körper- und Hautpeeling benutzen, um die Haut nach dem Winter zu beleben und gründlich zu reinigen.
- Den Vorrat an Lotionen, Gesichtswässern und Haarspülungen erneuern.

IN DER VORRATSKAMMER

- Blüten und Kräuter trocknen, um sie später für Potpourris und Duftsäckchen verwenden zu können.
- Bienenwachspolitur und Möbel-Regenerator für den Frühjahrsputz anrühren.
- Getrocknete Blumen und Kräuter, die unansehnlich und staubig sind, wegwerfen und durch frische Pflanzen aus dem Garten ersetzen.

JAHRESZEITLICHE AKTIVITÄTEN

- Mindestens zwei Wochen vor Ostern einen Früchtekuchen mit Marzipan backen.

LINKS: Narzissen, Tulpen und Hyazinthen, frisch aus dem Garten, bringen den Frühling ins Haus.

OBEN: Obstwiesen sind der ideale Platz, um große Narzissenfelder anzulegen, doch darf erst gemäht werden, wenn die Blätter vollständig abgestorben sind, da sich sonst in jedem Jahr weniger Blüten bilden.

RECHTS: Der kleine Krokus ist einer der ersten Frühlingsboten, und selbst als unerfahrener Fensterbank-Gärtner sollte man ein Fleckchen für einen Topf mit diesen hübschen Blumen finden.

Sommer

Wenn die Sonne am Himmel höher steigt, verstärkt ihre zunehmende Wärme den Geschmack und den Duft der Pflanzen. Die zarten Aromen des Frühlings werden von robuster Reife abgelöst. Tomaten nehmen eine tiefrote Farbe an, und wir verfeinern ihren wundervollen Geschmack mit pfeffrigem Basilikum und fruchtigem Olivenöl. Kräftige Aromen und Farben herrschen vor: Senf und Marinaden mit Kräutern für Barbecues; erfrischende Tees, die man im Schatten genießen kann, bunte Blumen und Kräuter, die am Morgen geschnitten werden, wenn ihr Duft am intensivsten ist, um frisch verwendet oder getrocknet zu werden.

IM GARTEN

- Pflanzen aus dem Gewächshaus und dem Frühbeet ins Freie umsetzen.
- Kräuter und Blumen zum Trocknen ernten.
- Kartoffeln, Zwiebeln, Knoblauch und Schalotten ernten.

IN DER SPEISEKAMMER

- Restbestände der letztjährigen getrockneten Kräuter aussortieren und durch frisch getrocknete ersetzen.
- Obst und Gemüse, das Saison hat, einmachen.
- Gelee und Marmelade aus Beerenfrüchten kochen.
- Kräutertees mischen.

IM BADEZIMMER

- Kräuteraufgüsse herstellen und für Lotionen, Gesichtswässer und Cremes verwenden.
- Kräuter trocknen, um sie später für Aufgüsse zu verwenden.

OBEN: Blumen im eigenen Garten pflücken zu können gehört zu den Freuden des Sommers.

IN DER VORRATSKAMMER

- Blumen für Potpourris und Gestecke trocknen.
- Lavendelsäckchen und andere Duftsäckchen herstellen oder die Blüten zur späteren Verwendung trocknen.
- Insektenabwehrende Kerzen herstellen und im Garten oder in der Nähe von offenen Fenstern aufstellen.

JAHRESZEITLICHE AKTIVITÄTEN

- Nehmen Sie sich unbedingt Zeit, im Garten zu sitzen und den Sommer zu genießen.

LINKS: Sonnengereifte Tomaten, gerade frisch aus dem Garten geholt, besitzen eine Farbe und ein Aroma, die einfach unwiderstehlich sind.

LINKS: *Der Sommer bietet eine Vielzahl frischer Salate, die, aus dem Garten geholt und sofort danach serviert, die Gäste Ihrer Vitamin-Dinner-Party begeistern wird.*

UNTEN: *Eine warme Gartenmauer ist der ideale Platz für einen an Spalieren erzogenen Pfirsich- oder Aprikosenbaum, der eine erstaunlich gute Ernte hervorbringen kann.*

Herbst

Wenn sich die Feldhecken unter der Last reifender Beeren biegen und die Bäume ihr Laub abwerfen, erstrahlt die Natur im goldenen Herbstlicht. Im Wald huschen kleine Tiere umher und legen Nahrungsvorräte für die kommenden Monate an, und in der Luft hängt der Geruch von Reife und Zerfall. Der Herbst ist die Jahreszeit, in der der Drang, Vorräte einzulagern, am stärksten ausgeprägt ist, wo jeder Spaziergang Gelegenheit zum Sammeln von Früchten und anderen Dingen bietet, wo selbst die überzeugtesten Stadtbewohner Marmelade kochen und sich an diesen einfachen Dingen begeistern. Kinder – und seien sie noch so weit vom Landleben entfernt – halten inne, um die farbenprächtige Natur zu betrachten, und freuen sich auf das Erntedankfest.

LINKS: Wählen Sie den Apfelbaum, den Sie anpflanzen wollen, mit Bedacht. Er wird Sie lange Zeit begleiten, und der Verzehr seiner Früchte soll ein Vergnügen und keine lästige Pflicht sein.

UNTEN: Der Herbst ist die beste Jahreszeit, um Eßkastanien in Wäldern zu sammeln.

IM GARTEN
- Früchte aus dem Obstgarten und Gemüse aus dem Küchengarten und auf den Feldern ernten und für den Winter einlagern und konservieren.
- Empfindliche Pflanzen ins Gewächshaus oder in die Frühbeete stellen.
- Kräuter für die Küchenfensterbank pflanzen.
- Saatgut für das nächste Jahr sammeln.

IN DER SPEISEKAMMER
- Marmelade, Gelee, Pickles und Chutneys zubereiten.
- Kräuter- und Gewürzmischungen herstellen.
- Früchte und Gemüse einlegen.

IM BADEZIMMER
- Nährcremes und Lotionen für Gesicht und Körper herstellen.
- Die Vorräte an ätherischen Ölen kontrollieren und durch neue ersetzen, wenn sie zu alt oder beinahe aufgebraucht sind.
- Massageöle und -lotionen herstellen, die die Muskeln nach den Aufräumarbeiten im Garten entspannen.

IN DER VORRATSKAMMER
- Bienenwachskerzen herstellen.
- Trockengestecke anfertigen und Potpourris mischen.

JAHRESZEITLICHE AKTIVITÄTEN
- Einen Korb mit Obst und Gemüse für das Erntedankfest zusammenstellen.
- Ein Erntebrot backen.
- Für *Halloween* Kürbislaternen anfertigen und Kürbiskuchen backen.

RECHTS: Mit ihren herrlichen Formen und kräftigen Farben sind Kürbisse ebenso dekorativ wie wohlschmeckend.

Winter

Winter bedeutet im besten Fall sonnige, kalte Tage mit Frost oder Schnee, doch allzuoft ist er lediglich eine Abfolge trüber grauer Tage voller Düsterkeit, die selbst optimistische Naturen deprimieren können. Dies ist die Jahreszeit, zu der wir die Früchte unserer Arbeit und die wundervollen Aromen des Frühlings und des Sommers genießen können, mit denen unsere Vorratsregale gefüllt sind. Es ist die Zeit, sich mit köstlichen Speisen zu verwöhnen, sich an Duftbädern zu erfreuen und mit verlockenden Süßigkeiten zu belohnen.

Der Winter ist die Jahreszeit des Gebens, in der wir Geschenke für unsere Freunde und Verwandten anfertigen und das Haus vom Duft traditioneller Weihnachtsgewürze erfüllt ist. Es ist eine Zeit, um nach vorne zu blicken. Der Jahreskreis schließt sich, und wir freuen uns schon auf das bevorstehende Frühjahr mit all seinen fröhlichen Farben und Düften.

GANZ OBEN: Getrocknete Hülsenfrüchte sind ein nützlicher Vorrat ...
OBEN: ... auch wenn frisches Wintergemüse noch besser schmeckt.

OBEN: Gemüse, das wir im Herbst eingelagert haben, ist jetzt für wärmende Suppen und Eintöpfe unentbehrlich.

IM GARTEN
- Töpfe und Saatschalen für die Frühjahrsaussaat gründlich säubern.
- Den Samenkatalog studieren – und träumen.
- Beizeiten grüne Zweige für Weihnachten sammeln und in der Garage oder einem Schuppen in Wasser stellen.

IN DER SPEISEKAMMER
- Leckere Dinge aus den eingelagerten Vorräten zubereiten.
- Schlehenlikör ansetzen.
- Das Gewürzregal kontrollieren und nötigenfalls mit neuen Mischungen auffüllen.
- Im Januar Marmelade aus Pomeranzen kochen.
- Pomeranzenschale zum Kochen und für Potpourris trocknen.
- Zitrusschale kandieren.
- Geschenke aus der Küche rechtzeitig vor Weihnachten zubereiten.

IM BADEZIMMER
- Badeöle für trockene Haut herstellen.
- Neue Handcreme und Heilsalbe anrühren.

IN DER VORRATSKAMMER
- Vogelfutterkugeln für den Garten herstellen.

JAHRESZEITLICHE AKTIVITÄTEN
- Wenigstens zwei Wochen vor dem Fest einen Kranz für Weihnachten anfertigen.

OBEN: Ein gut bestücktes Vogelhäuschen hilft vielen Garten- und Waldvögeln – und vielleicht auch einem Eichhörnchen – durch den kalten Winter und sorgt gleichzeitig für Spaß beim Beobachten der Vögel. Achten Sie beim Aufstellen darauf, daß das Vogelhäuschen für Katzen unerreichbar ist.

RECHTS: Im Gemüsegarten und im Frühbeet wachsen den ganzen Winter hindurch Gemüse und Kräuter.

Bezugsquellen

ALC-Cosmetic
Kranichstr. 2
27804 Berne
Tel. 0 44 06/61 44
Fax 0 44 06/53 63
Ätherische Öle, Zutaten für Naturkosmetik

Bio-Diät
Selerweg 43–45
12169 Berlin
Tel. 0 30/7 95 20 11
Fax 0 30/7 96 72 33
Heilkräuter

Brennessel
(Laden und Versand)
Türkenstr. 60
807799 München
Tel. 0 89/28 03 03
Fax 0 89/ 2 80 20 24
Ätherische Öle, Zutaten für Naturkosmetik, Trockenblumen und Potpourri-Zutaten

Colimex GmbH
(Zentrale und Versand)
Ringstraße 46
50996 Köln
Tel. 02 21/35 20 72
Fax 02 21/35 20 71
Ätherische Öle, Zutaten für Naturkosmetik
Auf Anfrage können Sie sich einen Prospekt mit den Adressen der Läden, in denen Colimex-Produkte geführt werden, zuschicken lassen.

Creativ Cosmetic
(Lagerverkauf und Versand)
Ganshofstr. 8
A-5020 Salzburg
Tel. 06 62/84 88 02/43 42 28
Fax 06 62/84 88 03
Ätherische Öle, Zutaten für Naturkosmetik

Interweger Handels AG
(Laden und Versand)
Kantonstr. 49
CH-8863 Buttikon
Tel. und Fax 0 55/4 44 24 75
Ätherische Öle, Zutaten für Naturkosmetik

Kräuter Fischer
(Laden und Versand)
Markt 3
33378 Rheda-Wiedenbrück
Tel. 0 52 42/ 5 59 58
Ätherische Öle, Zutaten für Naturkosmetik, Heilkräuter, Trockenblumen und Potpourri-Zutaten

La Florina
(Versand)
Lanzenhaimer Str. 5
36369 Lautertal
Tel. 0 66 43/85 05
Fax 0 66 43/73 66
Ätherische Öle, Trockenblumen und Potpourri-Zutaten

Neumond Düfte der Natur
(Versand)
Mühlfelder Str. 70
82211 Herrsching
Tel. 0 81 52/88 00
Fax 0 81 52/22 11
Ätherische Öle, Trockenblumen und Potpourri-Zutaten

Primavera Life
(Vertrieb und Export)
Am Fichtenholz 5
87477 Sulzberg
Tel. 0 83 76/8 08-0
Fax 0 83 76/8 08-39/92
Ätherische Öle, Zutaten für Naturkosmetik, Potpourris

Spinnrad
(Zentrale und Versand)
Am Luftschacht 3a
45886 Gelsenkirchen
Tel. 02 09/1 70 00 43
Fax 02 09/ 1 70 00 40
Ätherische Öle, Zutaten für Naturkosmetik, Heilkräuter, Trockenblumen und Potpourri-Zutaten.
Auf Anfrage können Sie sich einen Katalog mit den Adressen der Läden, in denen Spinnrad-Produkte geführt werden, zuschicken lassen.

Register

DANKSAGUNG

Ich danke Holly McIntyre für ihre wertvolle Hilfe bei der Herstellung der einzelnen Arbeiten und der Requisitensuche.
Lizz Trigg für ihre Hilfe bei den Nahrungsthemen.
Michelle für ihre inspirierte Photographie und gute Gesellschaft.